Kohlhammer

Inklusive Schule

Herausgegeben von Gottfried Biewer

Helga Fasching
Lena Tanzer

Inklusive Übergänge von der Schule in Ausbildung und Beruf

Verlag W. Kohlhammer

Dieses Werk einschließlich aller seiner Teile ist urheberrechtlich geschützt. Jede Verwendung außerhalb der engen Grenzen des Urheberrechts ist ohne Zustimmung des Verlags unzulässig und strafbar. Das gilt insbesondere für Vervielfältigungen, Übersetzungen, Mikroverfilmungen und für die Einspeicherung und Verarbeitung in elektronischen Systemen.

Die Wiedergabe von Warenbezeichnungen, Handelsnamen und sonstigen Kennzeichen in diesem Buch berechtigt nicht zu der Annahme, dass diese von jedermann frei benutzt werden dürfen. Vielmehr kann es sich auch dann um eingetragene Warenzeichen oder sonstige geschützte Kennzeichen handeln, wenn sie nicht eigens als solche gekennzeichnet sind.

Es konnten nicht alle Rechtsinhaber von Abbildungen ermittelt werden. Sollte dem Verlag gegenüber der Nachweis der Rechtsinhaberschaft geführt werden, wird das branchenübliche Honorar nachträglich gezahlt.

Dieses Werk enthält Hinweise/Links zu externen Websites Dritter, auf deren Inhalt der Verlag keinen Einfluss hat und die der Haftung der jeweiligen Seitenanbieter oder -betreiber unterliegen. Zum Zeitpunkt der Verlinkung wurden die externen Websites auf mögliche Rechtsverstöße überprüft und dabei keine Rechtsverletzung festgestellt. Ohne konkrete Hinweise auf eine solche Rechtsverletzung ist eine permanente inhaltliche Kontrolle der verlinkten Seiten nicht zumutbar. Sollten jedoch Rechtsverletzungen bekannt werden, werden die betroffenen externen Links soweit möglich unverzüglich entfernt.

1. Auflage 2022

Alle Rechte vorbehalten
© W. Kohlhammer GmbH, Stuttgart
Gesamtherstellung: W. Kohlhammer GmbH, Stuttgart

Print:
ISBN 978-3-17-035709-9

E-Book-Formate:
pdf: ISBN 978-3-17-035710-5
epub: ISBN 978-3-17-035711-2

Inhalt

	Inklusive Übergänge von der Schule in Ausbildung und Beruf	9
	Vorwort	9

1	**Wozu Inklusion im Übergang?**	**11**
	Weiterführende Literatur und Links	16

2	**Übergänge im nationalen und internationalen Kontext**	**17**
2.1	Die Nahtstelle Schule-Beruf im österreichischen (Berufs-)Bildungssystem	18
2.2	Übergangsregimes – nationale Rahmungen des Übergangs von der Schule in den Beruf	22
	Weiterführende Literatur und Links	25

3	**Begriffe und Theorien im Kontext von (inklusiven) Übergängen von der Schule in Ausbildung und Beruf**	**26**
3.1	Ausgewählte theoretische Modelle zum Übergang von der Schule in Ausbildung und Beruf	27
3.2	Bildungs- und Berufsentscheidungen	33
3.2.1	Rational-Choice-Ansätze	35
3.2.2	Reproduktionstheoretische Ansätze	38

Inhalt

3.3	Soziale Benachteiligung und Ungleichheit im Übergang	41
3.3.1	Der Fokus auf prekäre Übergänge von der Schule in den Beruf	42
3.3.2	Benachteiligung, besondere Herausforderungen und Problemlagen im Übergang Schule-Beruf	47
3.4	Übergänge und Bewältigung	61
3.5	Übergangsgerechtigkeit und Capabilities Approach	66
	Weiterführende Literatur und Links	69

4	**Leitbegriffe und -prinzipien der Inklusiven Pädagogik in Übergängen**	**70**
4.1	Inklusion im Übergang in die berufliche Bildung	71
4.2	Berufliche Partizipation	74
4.3	Intersektionalität in Übergangsprozessen	78
4.4	Empowerment	82
4.5	Selbstbestimmung und Selbstvertretung in Übergängen	85
	Weiterführende Literatur und Links	88

5	**Pädagogische Handlungsfelder im Übergang und ihre Leitkonzepte**	**89**
5.1	Inklusive berufliche Diagnostik	90
5.1.1	Diagnose von Ausbildungsreife	90
5.1.2	Individuum-Umfeld-Diagnostik	95
5.1.3	Biographische Diagnostik	96
5.2	Inklusive Beratung in Übergängen in Ausbildung und Beruf	100

5.2.1	Längerfristige, biographisch-narrative Beratung	110
5.2.2	Lösungsorientierte, kurzzeitige Beratung	113
5.2.3	Peer Beratung/Peer Counseling	114
5.3	Berufs- und Übergangscoaching	115
5.4	Case Management im Übergang	117
5.5	Assistenz im Kontext von Ausbildung und Arbeit	121
5.6	Unterstützte Beschäftigung/Supported Employment	123
	Weiterführende Literatur und Links	126
6	**Methoden, Handlungskonzepte und Unterstützungsmaßnahmen im schulischen, außerschulischen und betrieblichen Kontext**	**127**
6.1	Methoden partizipativer Übergangs- und Berufswegeplanung	129
6.1.1	Individuelle Transitionsplanung (ITP)	129
6.1.2	Persönliche Zukunftsplanung (PZP)	134
6.2	Schulische Handlungskonzepte und Methoden der Berufsorientierung und Berufsvorbereitung	137
6.2.1	Inklusive schulische Berufsorientierung und -vorbereitung	137
6.2.2	Berufswahlpass (BWP)	149
6.3	Formen der Integrativen Berufsausbildung in Österreich	152
6.3.1	Verlängerte Lehre	153
6.3.2	Teilqualifizierung	153
6.3.3	Überbetriebliche Lehre	154

Inhalt

6.4	Maßnahmen des Übergangssystems zur Berufsorientierung, Berufsvorbereitung, Ausbildungsqualifizierung und Unterstützung im Beruf	155
6.4.1	Jugendcoaching (ehem. Clearing)	156
6.4.2	AusbildungsFit (ehem. Produktionsschule)	157
6.4.3	Berufsausbildungsassistenz	158
6.4.4	Arbeitsassistenz	159
6.4.5	Jobcoaching	159
6.4.6	Betriebsservice	160
	Weiterführende Literatur und Links	161

7	**Partizipative Kooperation im Übergang**	**163**
7.1	Kooperation mit Eltern und Familie	170
7.2	Intra- und interprofessionelle Kooperation	172
	Weiterführende Literatur und Links	176

Literaturverzeichnis	**178**

Inklusive Übergänge von der Schule in Ausbildung und Beruf

Vorwort

Dieser Band der Reihe »Inklusive Schule« fokussiert sich auf Inklusion im nachschulischen Übergang und im Kontext beruflicher Bildung und beruflicher Partizipation. Er richtet sich an Studierende in Bachelor- und Masterstudiengängen und Lehramtsstudierende, die sich mit inklusions- und sozialpädagogischen Fragestellungen insbesondere an der Schnittstelle zwischen Pflichtschule und Berufsleben vertiefend beschäftigen möchten. Titel und Inhalte des Bandes beziehen sich vor allem auf den deutschsprachigen Raum.

Die Notwendigkeit der Fortsetzung inklusiver Bildungs- und Beschäftigungsprozesse nach der Pflichtschule verweist mittlerweile auf eine umfangreiche Forschung mit unterschiedlichen Zugängen. In diesem Band werden zwei pädagogische Diskursfelder zusammengeführt: Der Diskurs zu Pädagogik der Vielfalt und Inklusion sowie der Diskurs um die Pädagogik der Übergänge. Die allgemeinen Leitideen und -prinzipien dieser Diskurse werden im Speziellen für den Übergang von der Schule in Ausbildung und Beruf aufeinander bezogen und fruchtbar gemacht. In vielen auch im Folgenden herangezogenen Artikeln und Beiträgen werden diese beiden Diskursfelder und ihre Leitprinzipien bereits im Hinblick auf den Übergang kombiniert. Dies verweist auf die auch gegenwärtige Relevanz von Inklusion in (Bildungs-)Übergängen.

Dieser Band leistet einen weiteren Beitrag zur Professionalisierung und Akademisierung des Themen- und Forschungsfeldes des Übergangs von der Pflichtschule in Ausbildung und Beschäftigung.

Es wird deutlich, dass der Themenbereich inklusive Übergänge von der Schule in Ausbildung und Beschäftigung und berufliche Partizipation als eigenständiges Forschungsfeld etabliert ist.

Wien, im Oktober 2021
Helga Fasching und Lena Tanzer

1

Wozu Inklusion im Übergang?

> Worum es geht ...
> Vor dem Hintergrund des gesellschaftlichen Wandels in der Zweiten Moderne stellt das folgende Kapitel einführend die allgemeine Situation für Pflichtschulabsolvent*innen dar und nimmt dann Bezug darauf, wie sich gegenwärtige Strukturen auf die Übergänge marginalisierter Gruppen auswirken.

Übergänge im persönlichen Lebenslauf stellen Menschen vor vielfältige Herausforderungen. Sie sind gekennzeichnet durch Unübersichtlichkeit und zahlreiche Risiken, erfordern Neuorientierung und Planung. Im Hinblick auf den Übergang von der Schule in Ausbildung oder Beruf sind Jugendliche mit der bildungs- und berufs-

1 Wozu Inklusion im Übergang?

biographisch bedeutsamen Frage konfrontiert, ob die schulische Laufbahn fortgesetzt oder in die duale Ausbildung und/oder Erwerbstätigkeit eingemündet werden soll. Viele sehen sich vor dem (Pflicht-)Schulabschluss zudem in einer ambivalenten Situation. Die Eröffnung von beruflichen Möglichkeiten und Chancen durch Globalisierungs- und Flexibilisierungsprozesse auf der einen Seite korrespondiert mit einer zunehmenden Unübersichtlichkeit über (Aus-)Bildungswege sowie berufliche Möglichkeiten andererseits:

> »Der Wegfall sozial normierter, etablierter Ausbildungs- und Berufswege erzwingt verstärktes eigenverantwortliches Handeln. Auf der einen Seite bedeutet dies mehr Freiheit und damit auch mehr Chancen für die Gestaltung des eigenen Lebensweges. Auf der anderen Seite bedarf es auch Fähigkeiten, diese Freiheit zu nutzen. Sind diese nicht vorhanden, kann Entscheidungsfreiheit auch zu Überforderungen führen.« (Butz & Deeken, 2014, S. 101)

Die Jugendlichen sind dazu angehalten, ihre schulischen wie beruflichen Möglichkeiten auszuloten und sich schließlich für eine Alternative zu entscheiden, der entsprechend dann der weitere Ausbildungsweg ausgerichtet wird. Koch (2015, S. 4) hält fest, dass es gerade »[f]ür Jugendliche besonders schwerwiegend [ist], dass mit den jeweiligen Anschlüssen unterschiedliche Chancen der langfristigen Teilhabe an Erwerbstätigkeit verbunden sind«.

Zudem werden bisherige Denk- und Handlungsmuster insofern herausgefordert, als dass das berufliche Umfeld nicht mit der bekannten schulischen Lebensrealität konform geht: »Der Wechsel von der Schule in die Arbeitswelt erfordert, in einem neuen, erwerbs- und berufsbezogenen Kontext handlungsfähig zu werden« (Pool Maag, 2016, S. 601).

Allerdings gilt für junge Menschen gleichermaßen, neben einer Festlegung noch flexibel für berufliche Änderungen zu bleiben. Dabei sei vor allem wesentlich, bereits vor dem Berufseintritt »spezifische, potenziell nützliche und verwertbare ›Kompetenzen‹ oder ›skills‹ zu erwerben und dieserart das eigene Humankapital zu maximieren« (Fasching, 2019, S. 854). Das bedeutet nicht nur, dass die Schüler*innen zukünftige berufliche Anforderungen bereits antizipieren müssen, sondern dass auch der Schule und speziell den berufsbildenden und -vorbereitenden Fächern eine besondere Bedeutung zukommt.

Bildungs- und Berufsentscheidungen zeichnen sich demnach durch einen immer ungewisseren und vorläufigeren Charakter aus. Von einer einmaligen Berufsentscheidung für einen Lebensberuf (Famulla, 2001) kann keine Rede sein:

> »Ökonomische Wandlungstendenzen wie Globalisierung, Flexibilisierung, Mobilität tangieren Ausbildungsfähigkeit von der gesellschaftlichen Makroebene aus. [...] Dieser Wandel wird zukünftig die Berufsorientierung von Jugendlichen mitbestimmen und Lebenslanges Lernen zu einer Notwendigkeit für alle machen.« (Schlemmer, 2008, S. 15)

Durch ein immer weiter steigendes Bildungsabschlussniveau werden nicht nur immer höhere bzw. mehr Abschlüsse, sondern zudem auch bestimmte, zuvorderst intellektuell-kognitive Kernkompetenzen notwendig. Die vor allem durch Digitalisierung bedingte voranschreitende Wegrationalisierung (Haeberlin, 1998) des Niedriglohnsektors und Sonderarbeitsmarktes sowie die Akademisierung einer Reihe von Berufsgruppen lässt formale Schulabschlüsse und Bildungszertifikate immer bedeutsamer werden (Fasching, 2019, S. 854). Die durchschnittliche Höherqualifizierung geht allerdings damit einher, dass es sich für niedrigqualifizierte Jugendliche und Schüler*innen aus Mittel- bzw. Haupt- und Sonderschulen zunehmend schwieriger gestaltet, am allgemeinen Arbeitsmarkt Fuß zu fassen (Nentwig, 2018, S. 22). Als besonders herausfordernd stellt sich der Übergang für Jugendliche mit bestimmten Differenzmerkmalen dar. Sie sind besonders von (zunehmender) Benachteiligung, Ausgrenzung und Stigmatisierung betroffen und sehen sich mit hohen Zugangsbarrieren im Ausbildungs- und Berufssystem konfrontiert.

Besonders die Verschränkung mehrerer Differenzmerkmale erhöht und verschärft Exklusions- und Benachteiligungsrisiken im Übergang von der Schule in weitere Ausbildung und Beruf. Müller, Zöller, Diezinger und Schmid (2015, S. 64) verweisen darauf, dass »Zugangsprobleme zur beruflichen Bildung in der Regel lang anhaltende soziale Selektionswirkungen« haben.

1 Wozu Inklusion im Übergang?

Jugendliche aus sozio-kulturell benachteiligten Herkunftsfamilien

Jugendliche ohne oder mit niedriger Qualifizierung

Jugendliche ohne Pflichtschulabschluss

Jugendliche mit sonderpädagogischem Förderbedarf

Jugendliche aus sozio-ökonomisch benachteiligten Herkunftsfamilien

Jugendliche mit Behinderung(en)

Jugendliche mit anderer Erstsprache (v.a. arabische Sprachen)

Jugendliche mit Flucht - oder Migrationshintergrund

Abb. 1.1: Differenzmerkmale, die zu Benachteiligung im Übergang von der Schule in die Ausbildung und den Beruf führen können (eigene Darstellung).

Junge Erwachsene mit Beeinträchtigung sind nach der Pflichtschulzeit besonders oft mit Hürden im Übergang konfrontiert:

> »Während einerseits ihre Zugangschancen sinken, nehmen andererseits Diskreditierungs- und Stigmatisierungsprozesse zu, sodass die Verdrängung in die Arbeitslosigkeit und in weiterer Folge an den Rand der Gesellschaft nahezu unausweichlich wird« (Fasching, 2019, S. 854).

Dabei sind Menschen mit Behinderung vermehrt auf Maßnahmen der Sozialpolitik und der Bereitstellung von institutionellen Unterstützungsangeboten angewiesen (Fasching, 2014, S. 506). Auch Demmer (2017, S. 100) vermerkt,

> »dass die Entscheidungsmöglichkeiten von Menschen mit Beeinträchtigungen unter verschärften Exklusionstendenzen und Formen institutioneller Diskriminierung stattfinden und dass für die Bearbeitung der damit einhergehenden Risiken häufig nur begrenzte materielle, soziale und/oder kulturelle Ressourcen zur Verfügung stehen«.

Sowohl auf nationaler als auch internationaler Ebene verlassen Jugendliche mit intellektueller Beeinträchtigung am häufigsten frühzeitig die Schule (Fasching, 2014, S. 12). Nach dem Abschluss der Pflichtschule kommt es insbesondere bei Angehörigen dieser Grup-

1 Wozu Inklusion im Übergang?

pe vermehrt zu einem direkten Übergang in die Tagesstruktur oder Beschäftigungstherapie im dritten Arbeitsmarkt, dem sogenannten »erweiterten Arbeitsmarkt« (Fasching, 2016). Der Wechsel aus diesem in ein Beschäftigungsverhältnis auf dem ersten bzw. allgemeinen Arbeitsmarkt gelingt nur in seltenen Fällen (Spiess, 2004).

Wenngleich eine ganzheitliche, inklusive Berufsorientierung, -vorbereitung und -ausbildung und übergangsspezifische pädagogische Unterstützungsleistungen eine bedeutsame Stellung für alle Schüler*innen zur Bewältigung des Übergangs von der Schule in Ausbildung und Beruf einnehmen, so wenden sie sich doch vor allem an jene Schüler*innen, die von struktureller Benachteiligung betroffen sind und den Übergang als besonders prekär erleben (könnten). Es wird versucht, ihren Vorstellungen, Wünschen und Möglichkeiten entsprechend und mit ihnen gemeinsam den Übergang zu gestalten. Neben schulbezogenen Angeboten offerieren dabei auch außerschulische und berufsbegleitende Maßnahmen Unterstützung, um inklusive Übergänge in Ausbildung und Beruf bestmöglich anzubahnen und zu begleiten. Da in jeder Phase verschiedene Kompetenzen und Entscheidungen von den Jugendlichen abverlangt werden, sind pädagogische Angebote in unterschiedlichen Bereichen bzw. professionellen Handlungsfeldern (z. B. Assistenz) und an unterschiedlichen Zeitpunkten im Übergang (z. B. Coaching vor und während des Übergangs von der Schule in die Berufsausbildung sowie Arbeitsassistenz im Beruf) angesiedelt.

Ein Ziel inklusiver Übergänge ist demnach, dass »inklusive, sprich chancengerechte Bedingungen geschaffen werden, welche die Verschiedenheit von Jugendlichen und jungen Erwachsenen von vornherein berücksichtigen und Benachteiligungen und Ausgrenzungen aufgrund von Unterschiedlichkeit vermeiden« (Wansing, Westphal, Jochmaring & Schreiner, 2016, S. 71). In Bezug auf eine inklusive Übergangsgestaltung nach der Pflichtschule bedeutet dies Zugang zu weiterführender Bildung, Ausbildung oder Beschäftigung in regulären Systemen. Es geht dabei nicht nur um eine theoretische Gewährung von Zugängen, sondern vielmehr darum, durch eine Unterstützung im Gewinnen von Handlungsfähigkeit nachhaltige Partizipation (am allgemeinen Arbeitsmarkt) zu ermöglichen. Alternative Beschäftigungsformen am zweiten oder dritten Arbeitsmarkt sollten erst zum Zug kommen, wenn alle Möglichkeiten der Beschäftigung am allgemeinen Arbeitsmarkt ausgeschöpft wurden (Fasching, 2014, S. 507). Pädagogisches Handeln ist angehalten, Benachteiligungsstrukturen im Übergang zu erkennen und Übergänge von der Schule in Ausbildung und Beruf partizipativ zu gestalten.

Die Verwobenheit von Übergängen und Pädagogik zeigt sich schließlich in zweifacher Weise: Zum einen werden durch Übergänge selbst Lern- und Bildungsprozesse auf Seiten des Individuums evoziert. Zum anderen kann das pädagogische Moment auch in der professionellen Bearbeitung von Übergängen gesehen werden, sei dies nun als Vorbereitung, Begleitung oder nachträgliche Korrektur.

Weiterführende Literatur und Links

Cameron, D.K. & Thygesen, R. (Eds.) (2015). Transitions in the field of special education. Theoretical perspectives and implications for practice. Münster, New York: Waxmann.
Fasching, H., Geppert, C. & Markarova, E. (Hrsg.) (2017). Inklusive Übergänge. (Inter)nationale Perspektiven auf Inklusion im Übergang von der Schule in weitere Bildung, Ausbildung oder Beschäftigung. Bad Heilbrunn: Klinkhardt.
Trainor, A. A. (2017). Transition by design: Improving equity and outcomes for adolescents with disabilities. New York: Teachers College Press.
Wehman, P. (2013). Life Beyond the Classroom. Transition strategies for young people with disabilities. Baltimore, London, Sydney: Paul H. Brookes.
Bidok – digitale Volltextbibliothek mit Texten und Materialien zum Thema Inklusion von Menschen mit Behinderungen und zum Übergang Schule – Beruf (Universität Innsbruck): http://bidok.uibk.ac.at/
AMS Österreich: http://iambweb.ams.or.at/ambweb/
Informationssystem des Bundesministeriums für Arbeit (Österreich): http://www.dnet.at/elis/
Information zu Sozialen Unternehmen:
http://www.sozialeunternehmen-vorarlberg.at/daten-fakten

2

Übergänge im nationalen und internationalen Kontext

> Worum es geht ...
> Der Übergang von der Schule in Ausbildung und Beruf ist besonders durch drei Systeme geprägt: dem Schulsystem, dem System der beruflichen Bildung sowie dem sogenannten Übergangssystem. Der Übergang in den Beruf ist länderspezifisch durch bestimmte gesetzliche und institutionelle Strukturen gerahmt. Der folgende Abschnitt beleuchtet die Nahtstelle Schule-Beruf in Österreich und gibt einen Überblick über Transitionspfade im österreichischen (Berufs-)Bildungssystem. Danach wird diese Transition als zentrales Charakteristikum von Übergangssystemen im internationalen Vergleich skizziert.

2 Übergänge im nationalen und internationalen Kontext

2.1 Die Nahtstelle Schule-Beruf im österreichischen (Berufs-)Bildungssystem

Die allgemeine Schulpflicht endet in Österreich nach dem 9. Schuljahr im Alter von 14–15 Jahren. Die Thematik des Übergangs und Fragen nach weiteren Anschlussmöglichkeiten werden zumeist jedoch schon früher virulent, denn mit dem Ende des 8. Schuljahres endet in Österreich auch die Sekundarstufe I, welche entweder an einer Mittelschule oder der Unterstufe einer AHS (Allgemeinbildenden Höheren Schule) absolviert werden kann. Bei Vorliegen eines SPF (Sonderpädagogischen Förderbedarfs) aufgrund von Behinderung oder Beeinträchtigung gibt es die Möglichkeit integrativer Beschulung oder, falls nicht vorhanden oder möglich, des Besuches einer Sonderschule.[1] Allein an einer AHS besteht (bei entsprechend erfolgreichem Abschluss der Sek I) die Möglichkeit, in *derselben* Schule in die AHS Oberstufe zu wechseln. Ein Wechsel von der Sekundarstufe I in die Sekundarstufe II und die Fortsetzung der schulischen Laufbahn ist neben der Oberstufe einer AHS in folgenden Schulformen möglich: BMS (Berufsbildende Mittlere Schule) oder BHS (Berufsbildende Höhere Schule). Die inklusive Beschulung von Schüler*innen mit Behinderung oder Beeinträchtigung in der Sekundarstufe II ist derzeit in Österreich nur im Rahmen von Schulversuchen oder in Privatschulen möglich. Damit ist – die genannten

---

1 Bei behördlicher Bewilligung besteht die Möglichkeit, den Besuch der Sonderschule auf bis zu 12 Schuljahre zu verlängern. Diesbezüglich lautet § 32 Abs. 1 und 2 im Schulunterrichtsgesetz (SchUG) »(1) Der Besuch einer allgemeinbildenden Pflichtschule ist längstens bis zum Ende des Unterrichtsjahres des auf die Erfüllung der allgemeinen Schulpflicht folgenden Schuljahres zulässig, soweit in den nachstehenden Absätzen nicht anderes bestimmt ist. (2) Schüler mit sonderpädagogischem Förderbedarf sind mit Zustimmung des Schulerhalters und mit Bewilligung der zuständigen Schulbehörde berechtigt, eine Sonderschule oder allgemeine Schule zwei Jahre über den im Abs. 1 genannten Zeitraum hinaus zu besuchen.«

2.1 Die Nahtstelle Schule-Beruf im österreichischen (Berufs-)Bildungssystem

Schulversuche ausgenommen – für eine Beschulung in höheren Schulen (Oberstufe AHS oder BHS) noch vorwiegend ein »normaler Lehrplan« sowie eine Beschulung ohne SPF erforderlich (Moser, 2018).

Zudem sind einjährige Schulformen zur Erreichung der Schulpflicht und Absolvierung des 9. Schuljahres vorhanden: PTS (Polytechnische Schule) sowie das BVJ (Berufsvorbereitungsjahr). Die Polytechnische Schule stellt einen einjährigen Schultyp zur Berufsvorbereitung dar. Nach Abschluss des 9. Pflichtschuljahres an der PTS oder einer anderen höheren Schule kann anstatt weiterer schulischer Bildung auch im Zuge einer Dualen Ausbildung/Lehre (Berufsschule und Ausbildung in einem Betrieb) direkt der Weg in die Erwerbstätigkeit eingeschlagen werden[2] (Euroguidance Österreich, 2021, online).

Das BVJ stellt einen einjährigen Bildungsgang dar. Es findet an Sonderschulen statt und bildet dort das 9. Pflichtschuljahr. Der Lehrplan des BVJ findet zudem auch bei Schüler*innen mit SPF, die eine Integrationsklasse besuchen, Anwendung. Im Allgemeinen richtet sich das BVJ an Schüler*innen mit Behinderung oder Benachteiligung. Den Anschluss an das BVJ bildet zumeist eine Integrative Berufsausbildung, welche eine berufliche Erstausbildung für Schüler*innen mit Behinderung oder Benachteiligung umfasst. Eine Integrative Berufsausbildung kann unterschiedliche Formen annehmen (verlängerte Lehre oder Teilqualifizierung), beinhaltet jedoch zumeist eine Lehrstelle am ersten Arbeitsmarkt (▶ Kap. 6.3).

Der Arbeitsmarkt wird in verschiedene Teilsegmente unterteilt: Der erste, auch reguläre oder allgemeine Arbeitsmarkt genannt, umfasst die reguläre, tarifvertragliche und sozialversicherungspflichtige Erwerbsarbeit in Wirtschaftsunternehmen oder öffentlichen Einrichtungen. Der zweite Arbeitsmarkt betrifft zeitlich befristete und im Rahmen der aktiven Arbeitsmarktpolitik geförderte Arbeitsplät-

---

2 Im Kontext der Dualen Ausbildung gibt es allerdings auch die Möglichkeit der Lehre mit Matura, die neben einem Ausbildungsabschluss zum Reifeprüfungszeugnis und damit zur Studienberechtigung führt.

ze. Dazu zählen in Österreich zum Beispiel Sozialökonomische Betriebe und gemeinnützige Beschäftigungsprojekte. Am zweiten Arbeitsmarkt finden sich reguläre, nicht sozialversicherungspflichtige Beschäftigungen, die zwar geschützt, aber wirtschaftsnah sind und den Übergang bzw. Wiedereinstieg in den ersten Arbeitsmarkt unterstützen sollen. Der dritte Arbeitsmarkt ist der sogenannte ›erweiterte Arbeitsmarkt‹ (Sonderarbeitsmarkt oder Ersatzarbeitsmarkt genannt) und existiert in Form von Werkstätten für Menschen mit Behinderung (WfbM), Beschäftigungstherapie oder Tagesstruktureinrichtungen. Dieser Arbeitsmarkt ermöglicht dauerhaft geförderte Arbeitsplätze für jene Personen mit Behinderung, die am ersten Arbeitsmarkt keine Beschäftigungsmöglichkeiten erhalten. Der zweite und dritte Arbeitsmarkt dienen der beruflichen Rehabilitation von Menschen mit Behinderung oder Beeinträchtigung, die nicht, noch nicht oder nicht wieder auf dem ersten Arbeitsmarkt erwerbstätig werden können (Stadler, 1996, S. 275ff.; Wegscheider & Schaur, 2019, S. 50; arbeit plus – Soziale Unternehmen Vorarlberg, 2016, online).

In Österreich soll jedoch das 2016 in Kraft getretene Ausbildungspflichtgesetz (›Ausbildung bis 18‹) sicherstellen, dass jede*r Jugendliche bis zum Alter von 18 Jahren eine Form der Ausbildung (Schule oder Duale Berufsausbildung) in regulärer, verlängerter oder teilqualifizierender Form besucht. Tagesstrukturen und WfbM sowie ungelernte Hilfsarbeit erfüllen grundsätzlich nicht die Voraussetzungen für die Ausbildungspflicht. Es kann jedoch zu einem Einmünden in den Ersatzarbeitsmarkt kommen, wenn ein Arbeitsplatz am ersten Arbeitsmarkt nicht gefunden oder gehalten werden kann und es demnach zu einem langfristigen Verbleib im Übergangssystem kommt. Grundsätzlich stellen Beschäftigungen am Ersatzarbeitsmarkt jedoch eine Maßnahme der beruflichen Rehabilitation dar, wodurch die (Wieder-)Eingliederung in den allgemeinen Arbeitsmarkt eine ihrer Aufgaben ist.

Sind Jugendliche bis 18 Jahre nicht in einem dieser beiden Ausbildungsstränge (sog. NEET: Not in Education, Employment or Training oder systemferne Jugendliche), brechen vorzeitig Schule

2.1 Die Nahtstelle Schule-Beruf im österreichischen (Berufs-)Bildungssystem

oder Berufsausbildung ab (EAL: Early School Leavers bzw. FABA: Frühe (Aus-)Bildungsabbrecher*innen) oder sind hinsichtlich ihres weiteren (Aus-)Bildungsweges noch unentschlossen, sind sie dazu angehalten, eine Maßnahme im sogenannten »Übergangssystem« (erstmalige Erwähnung im Nationalen Bildungsbericht 2006, siehe: Autorengruppe Bildungsberichterstattung, 2006) zu besuchen.

Das Übergangssystem gilt als Teilbereich des außerschulischen Berufsbildungssystems und beinhaltet unterschiedliche, nicht berufsqualifizierende Maßnahmen, die als Brückenangebote fungieren und der Berufsorientierung, -vorbereitung oder der Ausbildungsqualifizierung und Nachreifung und damit der Anbahnung bestimmter ausbildungsrelevanter Kompetenzen oder von Ausbildungsreife dienen. Die Maßnahmen zielen darauf ab, die Chancen der Jugendlichen zu verbessern und diese so bald als möglich (wieder) in das (Berufs-)Bildungssystem zu integrieren. Maßnahmen des Übergangssystems bieten somit keine zertifizierten Berufsausbildungen und -abschlüsse (Kohlrausch, 2012).

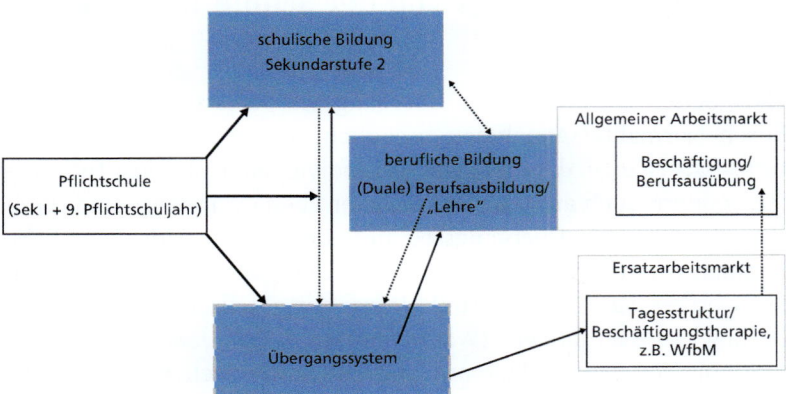

Abb. 2.1: Nahtstelle Schule-Beruf im österreichischen Bildungssystem (eigene Darstellung)

Auf dem Niveau der Sekundarstufe II verlaufen demnach das Schulbildungssystem, das Berufsbildungssystem sowie das Übergangssystem parallel zueinander. Der Weg von Jugendlichen von der Schule in den Beruf kann dabei von (mehrmaligen) Wechseln zwischen diesen Systemen geprägt sein.

Die rechtliche Grundlage für Teilhabe an Ausbildung und Beruf von Menschen mit Behinderung bildet auf internationaler Ebene die UN-Behindertenrechtskonvention (Art. 24 und 27). Auf nationaler Ebene sind vor allem der Nationale Aktionsplan Behinderung 2012-2020 als Umsetzungsstrategie der UN-BRK zu nennen sowie das Behindertengleichstellungsgesetz (BGStG), das Behinderteneinstellungsgesetz (BEinstG), das Arbeits- und Gesundheitsgesetz (AGG), Teile des Berufsausbildungsgesetzes (BAG) sowie das Ausbildungspflichtgesetz (APflG ›Ausbildung bis 18‹).

2.2 Übergangsregimes – nationale Rahmungen des Übergangs von der Schule in den Beruf

Pädagogisches Handeln im Übergang ist bereits vorstrukturiert durch Normalitätsannahmen bezüglich gelingender und gescheiterter Übergänge, die nicht nur auf individueller und institutioneller, sondern auch auf gesellschaftlicher Ebene verankert sind (Walther, 2014a, S. 78). Übergangsregimes können als nationalstaatliche Rahmen verstanden werden, in denen Übergangspfade vorgezeichnet werden. Sie sind »Konstellationen der gesellschaftlichen Regulierung von Übergängen« (Walther, 2014a, S. 80). Übergangsregimes präfigurieren Möglichkeit und Ausmaß individueller Gestaltungsmöglichkeiten und werden beispielsweise durch Gesetzgebung, strukturelle Vorgaben oder auch Zeitpunkt und Ausmaß von Gatekeepingprozessen[3] durch professionelle Akteur*innen auf unterschiedlichen Ebenen sichtbar. Das bedeutet, Heranwachsenden und Menschen, die diese im Übergang begleiten, kommt immer nur

2.2 Übergangsregimes – nationale Rahmungen des Übergangs

ein begrenzter Handlungsspielraum zu, welcher gemäß einer bestimmten Logik vorstrukturiert ist. Übergangsregimes können als nationalstaatliche Normalitätsannahmen betrachtet werden und sind derart in sozio-ökonomische und institutionelle Prozesse eingeflochten, dass sie als notwendig und nicht wandelbar erscheinen (Walther, 2014a, S. 78).

Auf der Suche nach grenzübergreifenden Mustern innerhalb der verschiedenen institutionellen und strukturellen Arrangements wurde in einer von der EU-Kommission in Auftrag gegebenen Studie eine heuristische Typologie von Übergangsregimes entwickelt, der zufolge sich die nationalen Übergangsregimes in Europa in vier idealtypische Modelle einteilen lassen:

- Das universalistische Übergangsregime (nordische Länder) zeichnet sich im Schulbereich durch eine hohe Durchlässigkeit aus. Junge Erwachsene sind im Übergang von der Schule in den Beruf vor allem durch den Staat sozial abgesichert und münden in ein offen strukturiertes Arbeitsregime mit geringem Risiko;
- das liberale Modell (angelsächsische Länder) zeichnet sich mit dem Ziel möglichst rascher Unabhängigkeit und Erwerbstätigkeit durch ein durchlässiges Schulsystem und flexible Strukturen im Übergangs- und Ausbildungsbereich aus, ist allerdings mit hohem Risiko für die Bewerber*innen verbunden. Soziale Absicherung erfolgt teilweise durch den Staat, teilweise durch die Familie;
- das unter-institutionalisierte System (südeuropäische Länder) bietet durchlässige Schulstrukturen bei niedrigen Standards. Durch einen eher in sich geschlossenen Arbeitsmarkt mit hohem Risiko sind junge Erwachsene und Jugendliche oftmals lan-

---

3 Unter Gate-Keeping können Personen, aber auch Institutionen, Netzwerke oder Unterstützungsmaßnahmen und Dienstleistungen subsummiert werden, die eine ›Türhüter-‹ oder ›Pförtnerfunktion‹ innehaben. Diese kann unterstützend, aber auch selektierend sein, das heißt, Zugänge können geöffnet, aber auch verwehrt werden.

ge von ihrer Herkunftsfamilie abhängig, durch die die alleinige soziale Sicherung erfolgt;
- das erwerbszentrierte Modell (mitteleuropäische Länder) zeichnet sich besonders durch ein selektives Schulsystem, das die Schüler*innen früh in verschiedene Sparten unterteilt. Das Arbeitsregime wird als geschlossen, jedoch mit nur geringem Risiko für die Heranwachsenden bewertet. Sozialer Rückhalt wird hier zum Teil durch staatliche Förderungen geleistet, zum Teil wird er von der Herkunftsfamilie abhängig gemacht (Walther, 2014a, S. 94f.).

Das Übergangsregime Österreichs, Deutschlands und der Schweiz wird dem erwerbszentrierten Typus zugeordnet, der sich in erster Linie durch eine hohe Standardisierung, eine hohe Differenzierung und ein hohes Maß an sozialer Selektion auszeichnet.

Die Typen von Übergangsregimes unterscheiden sich insbesondere auch darin, ob Benachteiligung strukturell oder individuell bedingt interpretiert wird (Lindmeier & Schrör, 2015, S. 153). Strukturell meint dabei, dass »Jugendliche benachteiligt [sind], weil sie arbeitslos sind und ihnen dadurch Teilhabemöglichkeiten vorenthalten sind, und sie sind arbeitslos, weil Arbeit oder Bildungsmöglichkeiten fehlen bzw. der Zugang verschlossen ist« (Walther, 2014a, S. 95). Diese Auffassung spiegelt sich im universalistischen und unter-institutionalisierten Modell wider. Im Zuge der individuell bedingten Auslegung von Benachteiligung wird Arbeitslosigkeit eher geknüpft an individuelle Defizite wie fehlende Ausbildungsreife oder Motivation. Diese Auffassung von Benachteiligung dominiert im erwerbszentrierten und liberalen Übergangsregime und kommt teilweise im universalistischen Modell vor. Je nach Interpretation folgt als nationalstaatliche Antwort eher die Schaffung von (Aus-)Bildungs- und Arbeitsmöglichkeiten oder die Schaffung von Maßnahmen zur individuellen Förderung und Anpassung von jungen Erwachsenen, um den vorgegebenen und benötigten Anforderungen zu entsprechen (ebd.).

Weiterführende Literatur und Links

Überblick über das österreichische Bildungs- und Ausbildungssystem: https://www.bildungssystem.at/
Bidok – digitale Volltextbibliothek mit Texten und Materialien zum Thema Inklusion von Menschen mit Behinderungen und zum Übergang Schule – Beruf (Universität Innsbruck): http://bidok.uibk.ac.at/

3

Begriffe und Theorien im Kontext von (inklusiven) Übergängen von der Schule in Ausbildung und Beruf

> Worum es geht ...
> Das folgende Kapitel diskutiert ausgewählte Begriffe und Theorien, die im Kontext des nachschulischen Übergangs relevant werden. Soziale Benachteiligung im Übergang wird aus historischer wie auch systematischer Perspektive dargestellt. Basierend auf der Annahme, dass Übergänge die individuelle Biographie vor zahlreiche Herausforderungen stellen, werden Theorien zur Bewältigung risikoreicher Lebensphasen diskutiert. Abschließend wird die Frage nach Gerechtigkeit im Übergang diskutiert.

3.1 Ausgewählte theoretische Modelle zum Übergang von der Schule in Ausbildung und Beruf

Übergänge stellen wesentliche Herausforderungen an Individuen dar, da durch sie die Beteiligten in besonderem Maße dazu veranlasst werden, individuelle Selbstkonzepte, biographische Muster, alte Rollen und etablierte Beziehungen zu verlassen oder zu verändern sowie neue anzunehmen oder aufzubauen. Die Übergangsforschung selbst präsentiert sich dabei als interdisziplinäre Forschungsrichtung. Übergänge werden deshalb vor unterschiedlichen theoretischen Hintergründen beispielsweise als kritische Lebensereignisse (Filipp, 2010), Statuspassagen (van Gennep, 2005) oder Entwicklungsaufgaben (Havighurst, 1971; Hurrelmann & Quenzel, 2016) beschrieben.

Übergänge können institutionell hervorgebracht und hervorgehoben werden:

> »Institutionell sind Übergänge z.B. markiert durch Altersgrenzen für die Einschulung, Wissensbestände oder Kompetenzen, die als Voraussetzung für den Erwerb von Bildungsabschlüssen gelten, diese wiederum als Bedingung für den Eintritt ins Erwerbssystem. Das heißt, Übergänge können sowohl Vorbereitungen auf die nächste Lebensrolle als auch deren Überprüfung beinhalten.« (Walther, 2014b, S. 22)

Im Bildungssystem treten Übertritte augenscheinlich als systembedingte, normative Transitionen (bspw. Schuleintritt, Übergang nach der Grund- sowie nach der Pflichtschule) auf. Sie können jedoch auch als normabweichende (bspw. Rückstufungen) und nichtnormative Wechsel aufkommen, wobei diese unter anderem freiwillig (bspw. in die Hochschule) oder unvorhergesehen (bspw. Schulwechsel) sein können. Übergänge können sozial markiert sein (bspw. durch Willkommens- oder Abschlussfeiern) oder aber weitgehend unmarkiert bleiben. Allerdings gilt zu beachten, dass Übergänge immer auch mit individuellen Bedeutungszuweisungen verbunden sind. Das meint, dass zum einen nicht von vornherein eine bestimmte (Höchst-)Anzahl an Übergängen festgesetzt werden kann, zum anderen, dass bestimmte Übergänge nicht per se als schwierig oder einfach bezeichnet werden können. Entscheidend für die Bedeutsamkeit eines Übergangs ist demnach dessen subjektive Gewichtung und Wahrnehmung.

Gerade der Übergang nach Absolvierung der Pflichtschulzeit oder Sekundarstufe I, unter anderem auch als ›Nahtstelle Schule-Beruf‹ bezeichnet, stellt viele junge Menschen vor große Herausforderungen. Im Zentrum steht die Entscheidung zwischen der Fortsetzung der schulischen Laufbahn, einer dualen Berufsausbildung (Berufsschule und Lehre) oder dem Einstieg ins Arbeitsleben. Gleichzeitig kann ein gelungener Übergang von der Pflichtschule in weiterführende Bildung, Ausbildung oder Beschäftigung als Ausgangspunkt für die nachhaltige Verwirklichung beruflicher Teilhabe gesehen werden. »Was für nichtbehinderte Menschen gilt, ist in ungleich höherem Maße für jene zutreffend, deren Biographie in weiten Teilen durch Ausgrenzung und Vorenthaltung dieser persönlichen gesellschaftlichen Anerkennung bestimmt wird« (Behncke, Ciolek & Körner, 1993, S. 4). Ein möglichst reibungsloser Übergang und berufliche Partizipation sind also gerade auch für Schüler*innen, die aufgrund bestimmter Differenzmerkmale von Benachteiligung im Übergang betroffen sind, bedeutsam (Fasching, Felbermayr & Hubmayer, 2017, S. 2).

Neuenschwander et al. (2012, S. 58f.) benennen vier Herausforderungsbereiche im Übergang von der Schule in den Beruf respektive die berufliche Bildung:

- Timing: Passung zwischen institutionell festgelegtem Übergangszeitpunkt bzw. -zeitraum und individuellem Tempo bei der Berufswahl;
- das Ermessen der Tragweite der Entscheidung bei unvollständiger Informationslage;
- institutionelle Restriktionen: entweder durch die Art der bisherigen Schulbildung bzw. dem Erfordernis der ›richtigen‹ Schul-

bildung und Zertifikate, um Zugang zu einem Ausbildungsplatz oder Beruf zu erlangen; oder von Seiten der Betriebe: durch Verfügbarkeit von Lehr- und Ausbildungsplätzen;
- Auseinandersetzung mit neuen Anforderungen, die mit dem Wechsel verbunden sind (z. B. bestimmte Arbeitszeiten, Statuswechsel, andere oder höhere Leistungsanforderungen).

Die Transition von der Schule in den Beruf wird häufig noch im Zwei-Schwellen-Modell (Mertens, 1971) gefasst. Dieses postuliert verschiedene Phasen, die bis zur tatsächlichen Einmündung in einen Beruf bewältigt werden müssen und die voneinander durch Hürden, den Schwellen, getrennt sind. Die erste Schwelle stellt den Übergang nach dem (Pflicht-)Schulabschluss/9. Pflichtschuljahr in die Berufsausbildung dar. Als zweite Schwelle wird der Übergang von der vollendeten Berufsausbildung in die Erwerbstätigkeit bezeichnet.

Abb. 3.1: Zwei-Schwellen-Modell von der Schule in den Beruf (in Anlehnung an Mertens, 1971)

Neben der offenkundigen Unabgeschlossenheit des Modells, in dem etwaige Umwege und damit zusätzliche Schwellen unberücksichtigt bleiben, werden »nicht nur die sozialen Risiken am Übergang verharmlost, sondern zugleich ein [...] allgemeingültige[r] Übergangsverlauf unterstellt« (Thielen, 2011, S. 13). Zudem werde impliziert, dass die Berufsausbildung die einzige und notwendige Möglichkeit zur Einmündung in ein reguläres Beschäftigungsverhältnis sei (ebd.).

Als ungenügend kann zudem angesehen werden, dass das Modell nur unter der Voraussetzung eines linearen Verlaufs von Schulbesuch, -abschluss über Berufsausbildung und -einstieg Gültigkeit besitzt. Gerade auch die Nahtstelle Schule-Beruf ist jedoch oftmals von Ab- und Umbrüchen von Schul- und Ausbildungen, Umorientierungen, Leerlaufzeiten oder (Nach-)Qualifizierungsmaßnahmen geprägt (Neuenschwander et al., 2012, S. 34; Neuenschwander, 2017, S. 426). Phasen der regulären Ausbildung, des Leerlaufs, der Ausbildungs- und Arbeitslosigkeit sowie der Teilnahme an berufsvorbereitenden oder nachqualifizierenden Maßnahmen wechseln einander ab, laufen parallel zueinander oder fließen ineinander über. All dies läuft einem linearen Verständnis dieses Übergangs, das sich am Modell des Normallebenslaufes (Kohli, 1985) orientiert, eher entgegen und weist auf die Komplexität des Wechsels von schulischer zu beruflicher Lebenswelt hin. Mertens stark vereinfachendes Übergangsmodell muss demnach unter postmodernen Bedingungen und gesellschaftlichen Wandlungsprozessen als obsolet angesehen werden.

Entgegen einer allein linearen Vorstellung des Übergangs argumentiert Walther (2013) mit dem Konzept von Yoyo-Übergängen. Die Metapher des Yoyos veranschaulicht die Vorwärts- und Rückwärtsbewegungen, die eine Vielzahl Jugendlicher im Übergang nach der Pflichtschule erleben. Sie pendeln dabei unter anderem zwischen den Lebensphasen Jugend und Erwachsenenalter, aber auch unterschiedlichen Lebensbereichen (z. B. Schule, Arbeitsumfeld, Übergangssystem) sowie zwischen damit verbundenen unterschiedlichen Statuspositionen, individuellen Möglichkeiten und gesellschaftlichen Erwartungen und Forderungen. Yoyo-Übergänge zeichnen sich einerseits durch Flexibilität und Offenheit aus, bringen andererseits oft auch Orientierungslosigkeit und höhere Risiken mit sich:

> »Yoyo-Übergänge können gewählt werden, um Zeit zu gewinnen, auszuprobieren, um auf passgenaue biografische Optionen zu warten oder sie [...] selbst mitzuentwickeln. Dies sind jedoch in der Regel junge Frauen und Männer mit einem stabilen sozialen und ökonomischen Hintergrund und Bildungsvoraussetzungen, die ihnen das Hintertürchen, später auf den normalbiografischen Pfad umzuschwenken, offen halten. Yoyo-Übergänge werden aber auch [...] als erzwungen erlebt, wenn sich normalbiografische

Lebensentwürfe nicht umsetzen lassen oder scheitern.« (Walther & Stauber, 2007, S. 38)

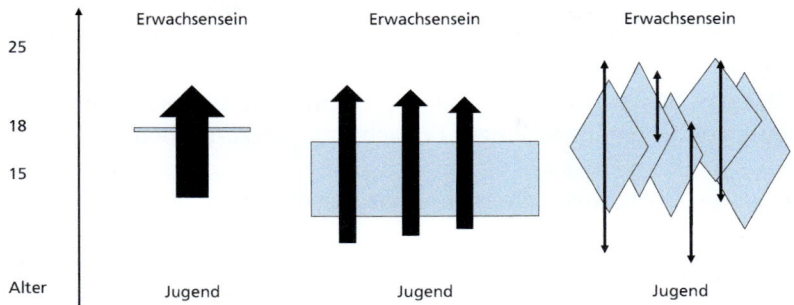

Abb. 3.2: Übergangsverläufe junger Erwachsener im Wandel (nach Walther, 2013, S. 26)

Walther (2013) stellt die individuellen Übergangspfade junger Menschen als dreifache Typik dar. Typik 1 stellt den Übergang als einmaligen Schwellenübertritt dar, der einem linearen Verlauf folgt und ist mit Mertens Modell insofern gut vergleichbar. In Typik 2 werden bereits die unterschiedlichen Wege und Statuspassagen, die von den Individuen eingeschlagen werden (müssen), wahrnehmbar, auch der Übergang selbst wird nicht länger als einmaliges Ereignis, sondern als längerfristige Phase gekennzeichnet. Wenngleich manche Übergänge im jungen Erwachsenenalter auch diese Verläufe annehmen können, so sind durch die bereits beschriebene Entstandardisierung des Lebenslaufes und dessen Begleitphänomene die Übergänge junger Erwachsener vermehrt nicht nur verlängert und diversifiziert, sondern auch mit zunehmend ungewisserem Ausgang. Demgemäß veranschaulicht Typik 3 Übergangsverläufe als sogenannte Yoyo-Übergänge, wonach junge Erwachsene nicht nur zwischen verschiedenen Lebensbereichen (z. B. Schule und Ausbildungsplatz), sondern auch Lebensphasen (jugendlich oder erwachsen) und damit einhergehend unterschiedlichen Rollen pendeln. Es kann demnach nicht (mehr) davon ausgegangen werden, dass ein Weg mit Sicherheit zum angestrebten Ziel führt. Die Vorstellung eines linearen Übergangs weicht einem prozessorientierten Transitionsverständnis.

Eine binäre Einteilung von Übergängen in ›gelungen‹ oder ›gescheitert‹ stößt vor diesem Hintergrund an ihre Grenzen (Walther, 2014a, S. 84). Es sind demnach unterschiedliche Typen oder Verläufe von Übergängen junger Erwachsener auszumachen:

* glatte Übergänge, die sich ohne Brüche oder Warteschleifen vollziehen;
* aufsteigende Übergänge (Bildungsaufsteiger), bei denen durch erhebliche Anstrengungen höhere Bildungswege als eigentlich antizipiert eingeschlagen werden;
* alternative Übergangsverläufe, bei denen vorgezeichnete Pfade zu einem hohen individuellen Risiko ausgeschlagen werden;
* stagnierende Übergänge, die sich durch oftmalige Wechsel und durch das Fehlen der Option auf eine längerfristige und nachhaltige Berufsaussicht kennzeichnen;
* absteigende Übergänge mit krisenhaften Verläufen, in denen ein erhöhtes Risiko für Benachteiligung, Ausgrenzung und Prekarität besteht (Walther, 2014a, S. 84).

In engem Zusammenhang stehen diese Verläufe auch mit länder- und kulturspezifischen Strukturen und Reglements, die Übergänge stets auch institutionell rahmen und vorzeichnen, wodurch die Möglichkeiten junger Erwachsener bereits grundlegend mitbestimmt werden (▶ Kap. 2.2).

3.2 Bildungs- und Berufsentscheidungen

Entscheidungen, die im Hinblick auf den Übergang aus oder in Bildungsinstitutionen getroffen werden, können als prototypische Beispiele für Bildungsentscheidungen angesehen werden. Bildungsentscheidungen sind im Besonderen mit Übergängen verwoben, da sie im Kontext biographischer oder institutioneller Schnittstellen getroffen werden. Übergänge in weitere Bildung, Ausbildung und Beruf bedürfen stets individueller Bildungs- und Berufsentscheidungen. Diese zielen auf Übergänge ab und gehen ihnen voraus. Bildungsentscheidungen legen demnach Bildungsverläufe fest.

Der Begriff der Bildungsentscheidung kann dabei enger und weiter gefasst werden. In einem engeren Verständnis bezeichnet er retrospektiv bereits getätigte Entscheidungen bzw. den Zeitpunkt, an dem aus verschiedenen Möglichkeiten eine Wahl getroffen wird, und bezieht sich auf Entscheidungen innerhalb des formalen Schul- und Bildungssystems. In einem weiter gefassten Sinn umfasst eine Bildungsentscheidung auch den gesamten Entscheidungs*prozess*, der den Entschluss bedingt und begleitet und auf den auch nicht genuin bildungsspezifische Entscheidungen Einfluss nehmen: »Für Bildungsentscheidungen müssen auch Entscheidungen außerhalb formaler Bildungsinstitutionen berücksichtigt werden« (Miethe & Dierckx, 2014, S. 34). Eine Bildungsentscheidung kann zudem retrospektiv als ein Beschluss aufgrund subjektiver Zuschreibungsprozesse angesehen werden. Im Nachhinein wird hierbei getätigten Beschlüssen durch subjektive Reflexion die Bedeutung einer Bildungsentscheidung beigemessen. Aus diesem Grund betont etwa Dausien (2014, S. 53), dass Bildungsentscheidungen nie als endgültig abgeschlossen angesehen werden können: »›Bildungsentscheidungen‹ sind auch deshalb unabgeschlossen, weil sie nachträglich reflektiert werden und durch diesen Bearbeitungsprozess künftige Handlungen mitstrukturieren.« Im Kontext des Lebenslaufes kommt Bildungsentscheidungen eine hohe Relevanz zu. Allerdings sind Entscheidungen in Bezug auf Bildungs- und Ausbildungspfade

3 Begriffe und Theorien im Kontext von (inklusiven) Übergängen

aufgrund der starken Strukturiertheit und der niedrigen Durchlässigkeit des (Berufs-)Bildungssystems nur begrenzt revidierbar. Im Zuge des Diskurses um Lebenslanges Lernen können auch Berufsentscheidungen als Bildungsentscheidungen gefasst und mithilfe derselben theoretischen Ansätze untersucht werden. Häufig taucht hier auch der Begriff der Berufswahl auf, der darauf hinweist, dass die Jugendlichen zwischen mehreren Optionen wählen und auf Basis ihrer Wahl einen Entschluss fällen können. Verschleiert werden damit jedoch die oftmals rigiden Vorgaben und Bildungsverläufe (trajectories), die bereits durch institutionelle Strukturen vorgegeben sind (z.B. wann oder in welchem Zeitraum überhaupt ein Übergang stattfinden kann oder wie in welchem Maße eine Entscheidung revidierbar ist).

Bildungs- und Berufsentscheidungen sind wesentlich mit Benachteiligungs- und Exklusionsprozessen in Übergängen verwoben. Im Zuge von institutioneller Diskriminierung werden Problemlagen und Differenzlinien zum individuellen Nachteil umgedeutet und dementsprechend das Ausmaß an Entscheidungsspielräumen begrenzt. Dies zeigt sich etwa, wenn einem Jugendlichen mit Migrationshintergrund vonseiten der Berufsberatung grundsätzlich weniger Optionen für die Berufswahl angeboten werden als einem Jugendlichen ohne entsprechendem Differenzmerkmal oder aufgrund von diagnostizierter intellektueller[4] Beeinträchtigung der Ersatzarbeitsmarkt als einzige Option dargestellt wird.

---

4 Der Begriff intellektuelle Beeinträchtigung wird für Personen verwendet, die im Rahmen der österreichischen schulorganisatorischen Bestimmung zum Sonderpädagogischen Förderbedarf eine Diagnose für ›geistige Behinderung‹ erhielten und nach dem ›Lehrplan der Sonderschule für Kinder mit erhöhtem Förderbedarf‹ unterrichtet werden. Davon abzugrenzen ist der Begriff Lernbehinderung (Förderschwerpunkt Lernen, Lehrplan der Allgemeinen Sonderschule). Aufgrund des nach wie vor in Fachzusammenhängen oft üblichen, aber stigmatisierenden Begriffs der geistigen Behinderung wird dieser durch intellektuelle Beeinträchtigung ersetzt. Insbesondere von Lernschwierigkeiten betroffene Personen wählen für sich

3.2 Bildungs- und Berufsentscheidungen

In Bezug auf Bildungs- und Berufsentscheidungen können entscheidungsorientierte und reproduktionsorientierte Ansätze unterschieden werden. Sie bieten Erklärungen für das Zustandekommen von Entscheidungen und damit zusammenhängend für die Entstehung und Reproduktion von sozialer Ungleichheit im Lebensverlauf.

3.2.1 Rational-Choice-Ansätze

Entscheidungstheoretische Betrachtungsweisen basieren in erster Linie auf Rational-Choice-Ansätzen, welche in einem engen Verhältnis zu Humankapitaltheorien stehen. Diese folgen dem Menschenbild des *homo oeconomicus* und gehen von der Prämisse aus, dass Menschen ihre Entscheidungen auf rationaler Basis treffen und unbeeinflusst von jeglichen Umweltfaktoren an einem berechneten Kosten-Nutzen-Kalkül ausrichten. Die Entscheidung für Bildungs- und Berufswege gelingt also allein aufgrund rationaler Gründe. Das Ziel solcher Entscheidungen sind ökonomische Rentabilität und die ›rates of return‹. Im Falle von Bildungsentscheidungen müssten die Einnahmen die Ausgaben für Bildung deutlich übersteigen, damit eine Investition sich lohnt. Soziale Ungleichheiten oder Bildungsarmut erklären diese Ansätze durch eine Akkumulation ›schlechter‹ Entscheidungen bzw. sich nicht rentierender Ausgaben (z. B. sunk costs fallacy).

Humankapitaltheorie und Rational-Choice Ansätze weisen jedoch an zahlreichen Stellen Verkürzungen auf: Der Mensch wird hier als hyperrationales Wesen dargestellt, das alle relevanten Informationen kennt, in angemessener Weise erfassen und genau kalkulieren könne. Wie bereits dargelegt, gestaltet sich die Situation Jugendlicher oftmals komplexer: »Das Modell setzt voraus, dass alle Jugendlichen über alle Informationen zu den Berufen ver-

---

selbst den Begriff ›Menschen mit Lernschwierigkeiten‹. Diese Bezeichnung wird gegenwärtig in der Fachcommunity häufig verwendet.

fügen sowie die eigenen Voraussetzungen genau kennen, richtig bewerten und in ihren rationalen Abwägungen berücksichtigen« (Neuenschwander, Gerber, Frank & Rottermann, 2012, S. 77). Ebenso wenig haltbar erscheint die postulierte Unabhängigkeit von kontextuellen Faktoren und persönlichen, emotionalen Wertungen, im Rahmen derer Entscheidungen gefällt werden. Hinsichtlich dessen konstatiert Dausien (2014, S. 44) den rational-choice basierten Erklärungsmodellen auch eine »individualistische und kognitivistische Verkürzung«.

Vielmehr kann angenommen werden, dass Bildungsentscheidungen auf bisherigen Erfahrungen und heuristischen Annahmen gründen (Gieseke & Stimm, 2018, S. 364). Sie sind emotionsbasiert und werden innerhalb des familiären Umfelds und in Abhängigkeit und Übereinstimmung mit sozialen Kontexten getroffen. Eltern und Peers nehmen etwa ganz erheblich Einfluss auf die Entwicklung eines Berufswunsches wie auch auf die Berufs- bzw. Ausbildungswahl (Eckert, 2008, S. 150). Dies betonen auch Neuenschwander et al. (2012) in einer Studie zum Berufswahlprozess von Jugendlichen. Neben individuellen und institutionellen Entscheidungsgrößen sei demnach vor allem auch die Bedeutung des sozialen bzw. familiären Umfeldes sowie der erhebliche ›gefühlsbasierte‹ Anteil solcher Entscheidungen als zentral einzustufen, welcher die Berufswahl im Jugendalter stark mit beeinflusst:

> »Weil Jugendliche mit einer rationalen Entscheidung überfordert sind, wählen sie Kontexte und Personen, die positive Gefühle auslösen oder ihnen neue, interessante Erfahrungen ermöglichen. Bildungs- und Berufsentscheidungen von Jugendlichen basieren daher nicht nur auf Bildungseinstellungen wie Erwartungen und Wert, sondern auch auf sozialer Unterstützung durch Bezugspersonen und positiven Gefühlen in neuen Situationen.« (Neuenschwander et al., 2012, S. 80f.)

Eine Weiterentwicklung des humankapitalistischen Gedankenguts findet sich etwa bei Boudon (1974). In seiner Theorie der primären und sekundären Effekte sozialer Herkunft versucht Boudon, die Bedeutung von Umweltfaktoren für Bildungsentscheidungen messbar zu machen. Primäre Effekte und damit Entscheidungsdeterminanten sind soziale Herkunft und Schichtzugehörigkeit. Sie sind es, die Entscheidungen für einen bestimmten (Aus-)Bildungsweg weitgehend vor- und mitbestimmen. Sekundäre Effekte treten vor allem bei Bildungsübergängen auf und wirken sich auf die Wahrscheinlichkeit, sich für oder gegen einen bestimmten Bildungsweg zu entscheiden, aus. Dabei spielt einerseits erneut die soziale Zugehörigkeit und insbesondere die Frage nach Statuserhalt eine besondere Rolle, andererseits die ökonomische Rentabilität, die sich nicht nur finanziell, sondern auch hinsichtlich der konkreten Anwendbarkeit oder Brauchbarkeit zeigt. In einer bildungsnahen Familie wird man daran interessiert sein, durch entsprechende Bildung des Kindes den sozialen Status beizubehalten oder zu erhöhen und fasst Ausgaben an Bildung und Schule dementsprechend als Investition auf. Für ein Kind aus einer bildungsärmeren Familie stellt sich womöglich die Frage, wie wahrscheinlich eine Statusverbesserung ist und ob bzw. welche Ausgaben sich rentieren. Das Statusverlustmotiv und die These, dass Bildungsinvestitionen für Menschen unterschiedlicher Schichten auch einen differenten Nutzen aufweisen, hebt Boudons Theorie von traditionellen Rational-Choice-Ansätzen ab. Auch wenn Boudon die soziale Herkunft als wesentlichen Faktor in seine Theorie mit einbezieht und damit einen beträchtlichen Schritt weiter geht als andere Humankapitaltheorien, bleibt auch hier die bewusste und individualistisch verstandene Kosten-Nutzen-Abwägung ein zentrales Merkmal von Bildungsentscheidungen (Boudon, 1974). Damit wird nicht nur übersehen, dass mehr als rein rationale Motive einer Entscheidung zugrunde liegen, sondern auch, dass Bildungs- und Berufsentscheidungen nicht nur auf Statuserhalt, -verbesserung, finanzielle Rentabilität oder konkrete Anwendbarkeit (z. B. für einen Beruf) ausgelegt sind. Persönliche Motive, biographische Gewordenheit, aber auch implizite habituelle Verhaltensweisen nehmen ebenso starken Einfluss auf derlei Entscheidungen.

3.2.2 Reproduktionstheoretische Ansätze

Reproduktionstheoretische Ansätze basieren auf gesellschaftlichen und makrosoziologischen Analysen und versuchen zu erklären, durch welche gesamtgesellschaftlichen Mechanismen Bildungsentscheidungen von Menschen unterschiedlicher Gruppen reproduziert, also wiederholt werden. Sie nehmen in den Blick, wie dadurch bestehende (implizite, subtile) Machtstrukturen und -gefälle aufrechterhalten werden, obwohl das System selbst, innerhalb dessen solche Entscheidungen getroffen werden, gleichsam neutral erscheint. Reproduktionstheoretische Ansätze machen damit latente Strukturen sichtbar, die bei Bildungsentscheidungen wirksam werden und aufgrund derer (auch scheinbar irrationale) Entscheidungen getroffen werden (Miethe & Dierckx, 2014, S. 19). Sie verdeutlichen, dass Bildungs- und Berufsentscheidungen nie von einer neutralen Position aus getroffen werden, bei der Chancen gerecht verteilt und alle Möglichkeiten vorhanden sind. Stattdessen »[vollzieht sich] der berufsbezogene Entwicklungsprozess von Jugendlichen und jungen Erwachsenen in sozialen Räumen [...], die von (Bildungs-)Ungleichheit geprägt sind« (Sponholz & Lindmeier, 2017, S. 286).

Bourdieu stellt einen der bekanntesten Vertreter des reproduktionsorientierten Ansatzes dar. Bourdieus Kapital- und Habitustheorie ist selbst keine dezidierte Entscheidungstheorie, sondern nimmt eher die Frage nach dem Weiterbestehen sozialer Ungleichheiten in den Blick. Kapital ist dabei eine entscheidende Größe in Bezug auf soziale Reproduktion und damit auch für den Bildungsentscheidungsprozess. Allerdings fasst er den Kapitalbegriff weiter und versteht darunter nicht nur monetäres Kapital, sondern unterscheidet zwischen ökonomischem, kulturellem und sozialem Kapital. Kapital kann somit materiell sein, aber auch immateriell angeeignet werden (z. B. in Form von Bildung oder Beziehungen). Aus dem Zusammenspiel der unterschiedlichen Kapitalsorten ergibt sich die Position eines Menschen im sozialen Raum. Zu jedem Zeitpunkt seines Lebens kann die Position eines Menschen im sozialen

3.2 Bildungs- und Berufsentscheidungen

Raum durch das individuelle Zusammenspiel seines Kapitals bestimmt und verändert werden (ebd., S. 290; Bourdieu, 1983). Die Position eines Menschen im sozialen Raum ist demnach immer als status quo zu sehen (Siegert, 2020, S. 26). Unter Bezugnahme auf das Modell des sozialen Raumes werden auch klassen- und schichtspezifische Argumentationen überholt (ebd., S. 25). Bildungs- und Berufsentscheidungen können demnach nie allein als individuelle und unabhängige Entscheidungen betrachtet werden, sondern immer basierend auf der momentanen sozialen Stellung. Sie bleiben stets »an die über den Habitus internalisierten Klassenstrukturen gebunden« (Miethe & Dierckx, 2014, S. 20), wodurch ein sozialer Statuswechsel oftmals unwahrscheinlich wird. Diese latenten Strukturen stellen damit die Postulate von uneingeschränkter Freiheit sowie eines autonomen Subjekts infrage. Bildungsentscheidungen stehen in engem Konnex zum akkumulierten Kapital, der sich daraus ergebenden sozialen Position und dem damit einhergehenden Habitus.

Unter Habitus können im Sinne Bourdieus bestimmte »Denk-, Wahrnehmungs- und Handlungsschemata« (Sponholz & Lindmeier, 2017, S. 290) verstanden werden. Der Habitus kann gemeinhin als Teil der Identität bezeichnet werden und repräsentiert unterschwellig »äußere gesellschaftliche und milieuspezifische Bedingungen« (Sponholz & Lindmeier, 2017, S. 290), die vom Individuum verinnerlicht werden. Durch seine soziale Position verinnerlicht ein Mensch also auch einen bestimmten, milieu- und klassenspezifischen Habitus (vgl. Bourdieu, 1983; Bourdieu, 1982). Übergänge können also auch scheitern, weil der inkorporierte Habitus nicht dem der neuen Institution entspricht, diese eine ›eigene, fremde Logik‹ aufweist: »Als praktischer Sinn begrenzt der Habitus die Handlungsspielräume, indem bestimmte soziale Praktiken als undenkbare Option ohne nähere Prüfung ausscheiden« (Sponholz & Lindmeier, 2017, S. 290). Eine Analyse und Bewusstmachung dieser impliziten Handlungsschemata erscheint als bedeutsame pädagogische Aufgabe im Zuge einer inklusiven Übergangsgestaltung.

3 Begriffe und Theorien im Kontext von (inklusiven) Übergängen

Allerdings bleibt auch die Konzeption Bourdieus nicht kritiklos. Yosso zeigt in ihrer »Critical Race Theory« (2005) für marginalisierte Gruppen eine modifizierte Betrachtung des kulturellen Kapitals auf. So weist sie darauf hin, dass die allgemeine Interpretation der Kapital- und Habitustheorie dahingehend blinde Flecken aufweise, als sie vom Bildungsbürgertum abweichende Gruppen immer schon als marginalisiert und benachteiligt darstellt. Ihre Darstellungen beziehen sich vor allem auf die Auslegungen Bourdieus Theorie in Bezug auf kulturelle Unterschiede und Ungleichheiten von People of Color. Traditionellen Argumentationsmustern folgend hätten Angehörige nicht privilegierter Gruppen nicht genügend Kapital zur Verfügung, um ihre soziale Position zu verändern und ›aufzusteigen‹. Der so festzustellende Kapitalmangel (der durch Bildung ausgeglichen werden soll) impliziere – so Yossos rassismuskritische Perspektive – eine ganz bestimmte Auffassung von kulturellem Kapital, das anders strukturiertes kulturelles Kapital nicht berücksichtigt (Yosso, 2005, S. 70).

> »[H]is [Bourdieu's] theory of cultural capital has been used to assert that some communities are culturally wealthy while others are culturally poor. This interpretation of Bourdieu exposes White, middle class culture as the standard, and therefore all other forms and expressions of ›culture‹ are judged in comparison to this ›norm‹.« (ebd., 2005, S. 76)

Es geht demnach nicht nur um die Frage, wer kulturelles Kapital besitzt, sondern auch, wer kulturelles Kapital bewertet und darüber urteilt, wessen Kultur Kapital ist (ebd., 2005). Während Schule das Potential besäße, das vorhandene Kapital von Schüler*innen aus nicht privilegierten Elternhäusern anzuerkennen, richten sich schulische Anstrengungen vor allem darauf, deren kulturelles Kapital an die dominante, herrschende Kapitalform anzupassen (ebd., 2005, S. 75).

Die zuvor genannten entscheidungstheoretischen Ansätze können nicht reflektieren, welche persönliche Bedeutung einem Bildungs- und Berufsweg abseits von Kosten-Nutzen-Kalkulationen zugeschrieben wird. Gieseke und Stimm (2018, S. 364) räumen allerdings ein, dass »[d]ie kognitionstheoretischen Ansätze [...] wahrscheinlich dann am ehesten zu[treffen], wenn grundsätzliche Orientierungen bereits vorhanden sind und es um Abwägungen von pragmatischer, vordergründiger Relevanz geht«. An reproduktionstheoretischen Ansätzen zeigt sich die Relevanz, Bildungs- und Berufsentscheidungen kontext- und milieubezogen zu sehen und auch die Entscheidungsgenese zu betrachten, um ein tiefgreifenderes Verständnis der jeweiligen Situation eines jungen Menschen zu erlangen. Jedoch müssen auch diese, wie gezeigt wurde, stetiger kritischer Reflexion unterzogen werden, um die defizitäre Logik und kulturherrschaftliche Strukturen nicht erneut durch die Hintertür zu lassen.

3.3 Soziale Benachteiligung und Ungleichheit im Übergang

Soziale Ungleichheit verstärkt sich im Lebensverlauf und kann sich in Übergangssituationen auf prekäre Weise zuspitzen. Die Ungleichheiten in der Chancenverteilung und im Zugang zu Bildung und Arbeit sind in offenen oder verdeckten Benachteiligungs- und Diskriminierungspraktiken begründet.

Czollek, Perko, Kaszner und Czollek (2019) veranschaulichen mithilfe einer Diskriminierungsmatrix das Kontinuum struktureller Diskriminierung, wobei strukturell die Verwobenheit von diskriminierenden Praktiken auf drei Ebenen meint: der individuellen Ebene, der politischen und institutionellen Ebene sowie der kulturell-gesellschaftlichen Ebene. Die Trennung dieser Ebenen ist jedenfalls als heuristisch anzusehen, da sich die Ebenen wechselseitig aufeinander beziehen und stützen (Czollek et al., 2019, S. 16).

Im Folgenden sollen zunächst in einem kurzen historischen Abriss zentrale Stränge in der Entwicklung der Übergangsforschung in diesem Bereich skizziert werden. Mitunter wird aufgezeigt, wie-

3 Begriffe und Theorien im Kontext von (inklusiven) Übergängen

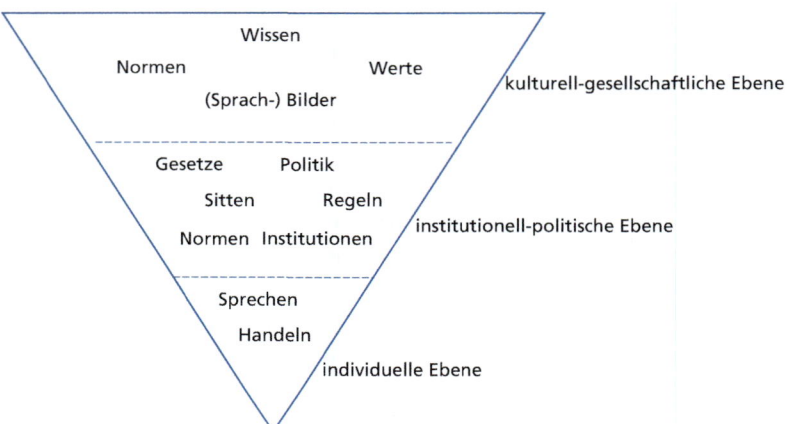

Abb. 3.3: Drei Ebenen struktureller Diskriminierung (eigene Darstellung in Anlehnung an Czollek, Perko, Kaszner & Czollek, 2019, S. 16)

so gerade die Jugendphase und der Übergang von der Schule in den Beruf einen Lebensabschnitt mit einem hohen Risiko für Benachteiligung, Diskriminierung und Ungleichheit darstellt. Kapitel 3.3.2 zeigt exemplarisch Problemkonstellationen von Jugendlichen mit bestimmten Differenzmerkmalen auf.

3.3.1 Der Fokus auf prekäre Übergänge von der Schule in den Beruf

Während die Erforschung von Übergängen ursprünglich in der Anthropologie und Soziologie, genauer noch der Ethnographie, verortet war, ist die neuere (sozial-)pädagogische Übergangsforschung eng mit der Lebenslaufforschung verknüpft. Die Wurzeln dieser Forschungstradition können mit dem Ende des Fordismus in den 1970er Jahren verortet werden, als das exponentielle wirtschaftliche Wachstum in eine Krise gerät. Dass dadurch sowie aufgrund der Pluralisierung von Lebensstilen und Familienformen, der Flexi-

3.3 Soziale Benachteiligung und Ungleichheit im Übergang

bilisierung der Arbeitsmärkte, emanzipatorischen Prozessen und anderen gesellschaftlichen und politischen Wandlungen bislang gültige Normen und Werte und traditionelle Lebensverläufe brüchig werden, wird vor allem am Übergang von der Schule in den Beruf sichtbar. Der ›normale‹, weitgehend institutionalisierte, Lebensablauf verliert zunehmend an Bedeutung und wird uneinlösbar: »Kontinuität wird [...] nicht durch einen vorgegebenen Lauf durch die Institutionen gewährleistet, sondern durch das individuelle Herstellen biographischer Anschlüsse« (Truschkat & Stauber, 2013, S. 222). Durch den Anstieg der Jugendarbeitslosigkeit rückt besonders die Jugendphase und der nunmehr brüchig gewordene Übergang von der Schule in den Beruf ins Zentrum des pädagogischen Forschungsinteresses (Walther, 2016, S. 125; Walther & Weinhardt, 2013, S. 24ff.). Die Forschung richtet sich vor allem auf die Identifizierung von Risikogruppen und -faktoren, die Bewertung der Wirksamkeit politischer und pädagogischer Maßnahmen sowie darauffolgend die Entwicklung von Strukturen zur Minimierung derartiger Übergangsrisiken von der Schule in den Beruf (Walther, 2016, S. 125). Winkler (2008, S. 72) führt die immer noch anhaltende Aufmerksamkeit auf problembelastete bzw. prekäre Übergänge in wissenschaftlichen Untersuchungen darauf zurück, dass gerade solche (schwierigen) Transitionen auch Gegenstand von Jugend- und Berufshilfe und Sozialpädagogik seien, es sich also um ein besonders praxisnahes und -relevantes Problemfeld handele. Die Forschung orientiere sich somit danach, worauf der Fokus in der pädagogischen Praxis liege.

Schröer (2015; in Walther, 2016, S. 125f.) weist jedoch kritisch darauf hin, dass es sich bei dem Fokus auf Risikogruppen um eine verkürzte Betrachtungsweise handle, da durch diesen Fokus die Annahme eines »Normallebenslaufes« (Kohli, 1985) weiter belebe und nicht zuletzt individualisierende Defizitzuschreibungsprozesse gefördert würden:

> »Die Übergangsforschung fungiert damit [...] als Stellvertreterdiskurs, der gesellschaftliche Konflikte und Integrationsprobleme lebensalterspezifisch

3 Begriffe und Theorien im Kontext von (inklusiven) Übergängen

zuschreibt, pädagogisiert und so dazu beiträgt, die Fiktion eines erreichbaren Normallebenslaufes, der um den durch volle Teilhabe gekennzeichneten Erwachsenenstatus zentriert ist, aufrechtzuerhalten.«

Die Crux der Pädagogik ist in diesem Zusammenhang darin zu sehen, dass einerseits schwierige Übergangskonstellationen thematisiert werden müssen, um sie überhaupt erst pädagogisch bearbeitbar zu machen. Andererseits dürfe die Pädagogik jedoch nicht selbst eine funktionalistische Rolle einnehmen und damit zum Spielball politischer oder wirtschaftlicher Interessen werden:

> »Für die Pädagogik bleibt das Problem ambivalent: Auf der einen Seite erwachsen aus der sozialstrukturellen Dynamik, welche die neue Arbeitsgesellschaft erzeugt, pädagogische Aufforderungen [...]. Diese neue Nachfrage nach Pädagogik ist aber meist mit der Zumutung verknüpft, die dahinter liegenden sozialstrukturellen Segmentierungen und Verwehrungen nicht zu thematisieren, sondern pädagogisch-technologisch zu befriedigen.« (Böhnisch & Schröer, 2004, S. 470)

Die Pädagogik müsse folglich einen kritischen und systematischen Blick bewahren, um nicht nur einzelne Heftpflaster zu verteilen.

Eine andere Erklärung für diese Fokussierung großer Teile pädagogischer Forschung auf Übergänge im Jugend- und jungen Erwachsenenalter findet sich bei Stauber, Pohl und Walther (2007). Die Autor*innen sehen den Forschungsschwerpunkt vor allem darin begründet, dass sich an »nicht nur verlängerten, sondern auch komplizierter gewordenen Übergängen, an den damit verbundenen Anforderungen, den Bewältigungsstrategien, die sie [junge Erwachsene] entwickeln, um unter teils widrigen Bedingungen ihr Jung-Erwachsensein zu gestalten, [...] zentrale Mechanismen spätmoderner Transformationsprozesse aufzeigen und begreifen [lassen]« (ebd., S. 8). Auf einer strukturellen Ebene würden sich an der Schwelle vom Jugend- ins Erwachsenenalter bzw. im Übergang von der Schule in den Beruf also gesellschaftliche Mechanismen der Benachteiligung, Selektion und Bewältigung, welche auch in anderen Lebensaltern und anderen Transitionen tragend werden, *besonders deutlich* zeigen.

3.3 Soziale Benachteiligung und Ungleichheit im Übergang

Zu den erwähnten gesellschaftlichen Transformationsprozessen zählt etwa die Entstandardisierung des Normallebenslaufes. Dieser ist idealtypischerweise in drei Phasen gegliedert, zentrale (institutionell gerahmte) Übergänge stellen vor allem Eintritt in die Schule, Schulabschluss, Volljährigkeit und Pensionierung dar. Analog dazu beschreibt Hurrelmann (2003, S. 117) den Normallebenslauf innerhalb von drei Phasen: einer Kindheitsphase, welche sich bis zum Schulabschluss erstreckt und bis zum Übergang in den Erwachsenenstatus mündet. Dieser zeichnet sich durch die Aufnahme eines Berufes und Erwerbstätigkeit, der Ablösung von der Herkunftsfamilie und traditionell der Gründung einer eigenen Familie aus. Der letzte Abschnitt sei schließlich vom Ende der Erwerbstätigkeit markiert und erstrecke sich bis zum Tod (ebd., 2003, S. 117). Obgleich ein solcher Ablauf sich nur für eine Minderheit tatsächlich als realisierbar darstelle, gelte jenes Idealmuster »bis heute als das Orientierungsmuster der Gesellschaftspolitik und wird durch eine Reihe von gesellschaftlichen Institutionen und politisch-rechtlichen Regelungen formal abgestützt« (ebd.). Mit dieser institutionellen Legitimation einher geht die Orientierung der individuellen Biographie und individueller Lebensentwürfe am Normallebenslauf. Kohli (1985) spricht in diesem Sinne von einem »Lebenslaufregime«.

Die Verabschiedung des Normallebenslauf-Konstruktes ist auch bedingt durch die Entgrenzung von Lebensaltern und Übergängen, die sich nach Hurrelmann (2003, S. 122) durch eine »Expansion«, also Erweiterung der Jugendphase auszeichne, welche durch den »Verlust von sozialen Markierungspunkten für das Erwachsenwerden (Heirat, Berufsrolle)« zutage tritt. Fasching resümiert dies wie folgt:

> »Durch die steigende Pluralisierung, Individualisierung, Flexibilisierung, Fragmentierung und Prekarisierung der Lebens- und Arbeitswelt moderner, westlicher Gesellschaften und die damit einhergehende Entstandardisierung und Entgrenzung von Lebensläufen sieht sich die Übergangsforschung mit zunehmend langwieriger, heterogener, offener und ungewisser werdenden Übergängen konfrontiert.« (Fasching, 2017, S. 24)

3 Begriffe und Theorien im Kontext von (inklusiven) Übergängen

Benachteiligung im Übergang kann somit zwar als weitgehend strukturell bedingt angesehen werden, wird jedoch oftmals als individuelles Defizit ausgelegt (z. B. durch das Konstrukt der Ausbildungsreife). Damit stehen Jugendliche vor einem »Planungsparadox«: »Einerseits ist ungewiss, welche Schritte welche Folgen haben, andererseits werden sie [die Jugendlichen, Anm. d. Verf.] zunehmend genau für diese Folgen verantwortlich gemacht« (Walther, 2014a, S. 86). Demnach kommt es durch die Entstandardisierung und Auflösung des ›Normallebenslaufes‹ nicht zu weniger Benachteiligung, sondern es werden weiterhin »Strukturen sozialer Ungleichheiten (re)produziert [...], allerdings auf veränderte Art und Weise« (Walther, 2014a, S. 82). Van Essen (2013, S. 56) bezeichnet dieses Phänomen als »Verschiebung von der kategorialen zur individuellen Ungleichheitsdefinition«, bei der »Chancen und Risiken [...] zu einem ›individuellen Optimierungsproblem‹ [werden], so dass strukturell bedingte Risiken [...] zu Ergebnissen individueller Verantwortung und Entscheidung umgedeutet werden« (ebd.). Mit Fasching (2018, S. 855) kann soziale Ungleichheit verstanden werden als »gesellschaftlich verankerte, regelmäßige, relativ dauerhafte und sich auf die Lebens- und Handlungsmöglichkeiten auswirkende Formen der Benachteiligung oder Begünstigung«.

Besonders betroffen von sozialer Ungleichheit und Benachteiligung im Übergang sind Jugendliche, die niedrige Qualifikationen oder bestimmte Differenzmerkmale (z. B. Herkunft, Sprache, Gender, SPF) aufweisen (Nentwig, 2018, S. 20). Fasching (2018, S. 859) weist zudem darauf hin, dass neben der sozialen Herkunft das Schulabbruchsrisiko und damit Zertifikatsarmut »auch stark von der besuchten Schulform auf Sekundarstufe I abhängt. [...] Hinsichtlich der besuchten Schulform auf Sekundarstufe I stechen besonders Hauptschulen, Neue Mittelschulen und Sonderschulen negativ hervor und weisen eine deutlich höhere Quote an späteren SchulabgängerInnen als etwa allgemeinbildende höhere Schulen auf.«

Für pädagogisches Handeln im Übergang von der Schule in den Beruf ergibt sich aus diesem Grund ein Dilemma:

3.3 Soziale Benachteiligung und Ungleichheit im Übergang

»Auf der einen Seite darf sich das Übergangsmanagement also nicht auf die Benachteiligtenförderung reduzieren, auf der anderen Seite darf aber eine Übergangsgestaltung, die sich prinzipiell auf alle Jugendlichen bezieht, die Benachteiligtenproblematik nicht aus den Augen verlieren.« (Kruse, 2014, S. 67)

Mit diesem Dilemma einher geht der sogenannte Creaming-Effekt. Dieser tritt auf, wenn Begleit- und Unterstützungsmaßnahmen, die sich zuvorderst an benachteiligte Jugendliche etwa mit Behinderung oder Beeinträchtigung richten, von Jugendlichen mit niedriger(er) Unterstützungsnotwendigkeit genutzt werden (Biewer, Fasching & Koenig, 2009, S. 393). Dieser Effekt tritt nicht nur bei Unterstützungsmaßnahmen zutage, sondern ist auch bei der Suche nach einem Ausbildungs- und Arbeitsplatz zu verzeichnen: Da sich die Suche auch für Jugendliche mit regulärem Pflichtschulabschluss als schwierig herausstellt, nehmen diese die oft begrenzten Plätze in Fördermaßnahmen ein. Es kommt zu »Konkurrenzkämpfen und Verdrängungswettbewerbe[n]« (Ginnold, 2008, S. 316), bei denen die eigentlich gemeinte Adressatengruppe ins Hintertreffen gerät. Ginnold zeigt dies besonders für Jugendliche mit (intellektueller) Beeinträchtigung oder Behinderung auf. Die ursprüngliche Ausrichtung benachteiligungsausgleichender Maßnahmen kann dadurch weitgehend verloren gehen, und der Unterstützungsbedarf der eigentlichen Zielgruppe bleibt unbeantwortet.

3.3.2 Benachteiligung, besondere Herausforderungen und Problemlagen im Übergang Schule-Beruf

Es wurde bereits deutlich, dass der Übergang von der Schule in den Beruf besonders für junge Menschen prekär werden kann, die sozial benachteiligt sind oder nur geringe Kompetenzen, Qualifizierungen und Zertifikationen aufweisen (Fasching, 2019). Ein diesbezügliches Risiko besteht vor allem für junge Menschen mit bestimmten Differenzmerkmalen wie Behinderung, Flucht- oder Migrationshintergrund und damit zusammenhängend auch anderer

Erstsprache oder aus sozio-ökonomisch und/oder sozio-kulturell benachteiligten Haushalten (ebd.; Fasching, Felbermayr & Zitter, 2020, S. 315; Wansing et al., 2016).

Diese Merkmale werden dabei »erst durch die Differenzkonstruktion als ›Anderes‹ und damit Normabweichendes zu einem gesellschaftspolitisch relevanten Faktum« (Wansing & Westphal, 2014, S. 35), unter anderem, weil sie mit einer besonderen Etikettierung (Sonderpädagogischer Förderbedarf, nicht ausbildungsreif etc.) einhergehen. Bildungsbenachteiligung meint im Kontext des Übergangs von der Schule in weitere (Aus-)Bildung oder Beruf sowohl die erhöhte Wahrscheinlichkeit, aufgrund von bestimmten Differenzmerkmalen von Schule bzw. Schulabschluss oder Ausbildung ausgeschlossen zu werden als auch die Einmündung sowie den längeren Verbleib im Übergangssystem oder in weiterer Folge das Abrutschen in die Arbeitslosigkeit. Gleichzeitig ist auch ein »Etikettierung-Ressourcen-Dilemma« (Biewer & Fasching, 2014, S. 138; vgl. auch Wansing & Westphal, 2014, S. 37) zu beobachten, demgemäß ohne entsprechende Etiketten und Kategorisierungen benötigte Ressourcen (finanziell, personell, materiell) nicht oder nur schwer erreichbar sind. Ebenjene Einordnungen führen jedoch zu (erneuter oder vermehrter) Stigmatisierung.

Einschlägige Studien weisen auf die Bedeutung und nachhaltige Wirkung der Beschulungsart (integrative Beschulung oder Sonderschule) für den weiteren Bildungs- und Berufsweg hin (Eckhart, Haeberlin, Lozano & Blanc, 2011; Fasching & Mursec, 2010; Ginnold, 2008; Pfahl, 2011). Deren Ergebnisse stimmen darin überein, dass der Besuch einer Sonderschule sich nachteilig auf das Finden und Ausüben einer Arbeit am allgemeinen Arbeitsmarkt auswirkt. Sonderschüler*innen sind in diesem Zusammenhang mit noch größeren Hürden konfrontiert (ebd.). Fasching (2014) weist darauf hin, dass Schüler*innen mit intellektueller Beeinträchtigung bei integrativer und inklusiver Beschulung zudem (leichteren) Zugang zu nachschulischen Qualifikations- und Trainingsangeboten haben. Jedoch kann sich auch das Übergangssystem mit seinen zahlreichen Unterstützungsmaßnahmen benachteiligend auf die weiteren

3.3 Soziale Benachteiligung und Ungleichheit im Übergang

Chancen der Jugendlichen auswirken. Es operiert gemäß einer »Kompensationslogik« (Fasching & Fülöp, 2017, S. 89). Das meint, dass durch Übergangsangebote die individuellen Unzulänglichkeiten ausgeglichen, eben kompensiert, werden sollen. Allerdings besteht gerade dadurch die Gefahr, Formen von institutioneller und struktureller Diskriminierung zu übersehen, indem Benachteiligungen und Misserfolge stattdessen als individuelle Unzulänglichkeiten gedeutet werden (ebd.). Zudem können auch Brückenangebote selbst die Gefahr nachhaltiger Benachteiligung bergen: »Einen Zugang zum Ausbildungs- und Arbeitsmarkt erhalten viele Jugendliche erst über Qualifizierungsmaßnahmen, die aber ihre Vermittelbarkeit eher verschlechtern als verbessern« (Lindmeier & Schrör, 2015, S. 151).

Wenngleich beim Übergang aus der Schule die schulischen Selektionsmechanismen an Bedeutung verlieren, kommen nunmehr neue hinzu, die der Logik des Berufsbildungssystems und des Arbeitsmarkts folgen. Im Allgemeinen könne für niedrig Qualifizierte und Jugendliche mit Behinderung vermerkt werden, dass »die berufliche Segregation [...] in Kontinuität [steht] zur institutionellen Segregation des gegliederten Schulsystems, mit den entsprechenden Deklassierungs- und Ausgrenzungserfahrungen im Haupt- und Sonderschulbereich« (Buchen, 2013, S. 131). Was also in der Schule »als ›angemessene‹ Bildungsvoraussetzung gilt; welche Kenntnisse, Fähigkeiten, Anschauungen und Haltungen ›Bildungswert‹ eingeräumt bekommen und welche nicht usw.« (Gogolin, 2010, S. 117), setzt sich im Übergang von der Schule in den Beruf unter anderem mit den Bezeichnungen *Passung* oder *Ausbildungsreife* fort.

Mit Hormel (2013, S. 247) ist weiter zu vermerken, dass auch von staatswegen kollektivistische Ausschließungsregelungen legitimiert werden. Dabei »fungiert der Rechtsstaat als Bezugspunkt strukturierter Benachteiligung und führt zur Absicherung von Privilegien über die Zuschreibung sozialer [...] Zugehörigkeit« (ebd.). Es wird deutlich, dass Benachteiligung und Ungleichheit nicht gegeben sind, sondern erst durch individuelle, kollektive, strukturelle und gesellschaftliche-kulturelle Praktiken erzeugt werden, historisch geworden und gesellschaftlich verankert sind. Im Sinne der Inklusion sei wesentlich, die »Förderung und Unterstützung [von Menschen mit Differenzmerkmalen, Anm. d. Verf.] nicht mehr als Sonderaufgabe [zu] betrachten, sondern als eine Querschnitts- und Gleichstellungsaufgabe« (Wansing et al., 2016, S. 72).

Auch wenn Schule als auch Arbeitswelt scheinbar alleinig auf einem meritokratisch-individualistischen Prinzip (Leistungsprinzip) fußen, so sind kollektivistische Ausschließungsregelungen, bei den Menschen, die aufgrund von Differenzmerkmalen bestimmten Kollektiven zugeordnet werden und wegen dieser Zuordnungen von Arbeit und Bildung exkludiert werden oder innerhalb dieser Bereiche Benachteiligung erfahren, weiterhin wirksam: »Es ist also davon auszugehen, dass in institutionellen Übergängen Selektionsmechanismen verschleiert, individualisiert und intersektionale Benachteiligungslagen perpetuiert werden« (Demmer, 2017, S. 100).

Für den Übergang junger Menschen in den Beruf scheinen Differenzlinien wie Geschlecht und Gender (Fasching, 2012; Faulstich-Wieland, 2016), nationale Herkunft (Imdorf, 2005), damit zusammenhängend auch eine andere Erstsprache (v. a. arabische Sprachen) bzw. sprachlicher Diversität und Migrationshintergrund (Pohl, 2013; Thielen, 2014) sowie Behinderung (Fasching, 2019; Thielen, 2014) als zentral. In einer Studie zum Berufsvorbereitungsjahr (in Deutschland), das als Überbrückungsjahr zwischen der achten Schulstufe und dem Beruf dient, verweisen Schroeder und Thielen (2009) insbesondere auf die benachteiligenden Merkmale Migration, Geschlecht, Behinderung und Delinquenz. Einem intersektionalen Verständnis folgend, können Exklusion und Benachteiligung kaum auf ein oder mehrere vereinzelte Differenzmerkmal(e) zurückgeführt werden. Vielmehr resultieren Benachteiligungen aus einem Ressentiment gegenüber ineinander verstrickten Merkmalen. Allerdings sind zahlreiche Unterstützungsangebote zielgruppenspezifisch ausgelegt und richten ihren Fokus vermehrt auf Jugendliche mit Behinderung, Beeinträchtigung oder erhöhten Unterstützungsbedarf, Jugendliche mit Migrationshintergrund oder treten als genderspezifische Angebote auf. Exemplarisch sollen fol-

3.3 Soziale Benachteiligung und Ungleichheit im Übergang

gend diese drei Benachteiligungskategorien und spezifischen Aspekte der mit ihnen verbundenen Benachteiligung für den Bereich des Übergangs Schule-Beruf für eine bessere Verständlichkeit einzeln erläutert werden.

Differenzmerkmal Migration, Ethnie und nicht-deutsche Erstsprache

In Bezug auf die Differenzlinien Ethnie und Migration vermerkt Hormel (2013, S. 248):

»Sich als ›ethnisch‹ darstellende soziale Ungleichheiten werden durch den politischen und wohlfahrtsstaatlichen Umgang mit Migration sowie die organisationsvermittelten In- und Exklusionsprozesse im Wirtschaftssystem und Erziehungssystem je spezifisch erzeugt.«

Die Zugehörigkeit zu einer Gruppe ist damit nicht der eigentliche Grund für die Benachteiligung (oder besondere Förderbedürftigkeit), sondern durch einen bestimmten Umgang mit Gruppen im öffentlichen Diskurs sowie durch die Zuweisung ungleicher Positionen innerhalb unterschiedlicher gesellschaftlicher Funktionssysteme (Wansing & Westphal, 2014, S. 40) werden über- und unterordnende Strukturen geschaffen.

Ungleichheiten, wie etwa bezüglich des Zugangs zum Ausbildungssystem, treten in diesem Diskurs sowohl implizit als auch explizit auf, was sich bei Jugendlichen mit Migrationshintergrund und geflüchteten jungen Menschen besonders deutlich zeigt:

»Während für Flüchtlinge der Zugang zum Ausbildungssystem bereits formal-rechtlich unter erschwerten Bedingungen erfolgt und einen Fall systematischer Benachteiligung par excellence darstellt, vollziehen sich Benachteiligungsprozesse im Fall von Jugendlichen mit Migrationshintergrund, die über einen gesicherten Aufenthaltsstatus oder einen uneingeschränkten Zugang zum Arbeitsmarkt verfügen, unter anderen – augenscheinlich weniger ›sichtbaren‹ – Bedingungen« (Hormel, 2013, S. 249).

Diese impliziten Bedingungen treten unter anderem zutage »durch die Verteilung von SchülerInnen auf unterschiedliche Schultypen im mehrgliedrigen Schulsystem und im Ergebnis durch die Vergabe ungleichwertiger Bildungszertifikate, die Allokationschancen präfigurieren« (ebd., S. 250). Das Recht auf Bildung und der Zugang zum Bildungssystem – im Sinne einer »formalen Inklusionsgleichheit« (ebd., S. 250) – wird somit »im Laufe der Schullaufbahn und im Modus differenzierter Exklusionsmechanismen in eine Ungleichheit von Bildungskarrieren transformiert« (ebd., S. 250). Dass Jugendlichen mit Migrationshintergrund öfter ein Sonderpädagogischer Förderbedarf (SPF) attestiert wird und sie im sonderpädagogischen Bereich überrepräsentiert sind, unterstreicht auch Subasi Singh (2020) in ihrer Studie zur Lage Jugendlicher mit türkischem Migrationshintergrund. Diese schulische Kategorisierung nimmt auch Einfluss auf die Chancen der Jugendlichen in der beruflichen Bildung.

Jugendliche mit Migrationshintergrund scheinen weniger von einem erhöhten Stellenangebot auf dem Arbeitsmarkt zu profitieren. Dies ist unter anderem darauf zurückzuführen, dass gleiche formale Abschlüsse von geringerem Wert erscheinen, da sie zusätzlich an das Merkmal der ethnischen Herkunft gekoppelt werden (Hormel, 2013, S. 254ff.). Benachteiligung und Stigmatisierung im schulischen Kontext setzen sich demnach auch in Ausbildung und Beruf fort.

Institutionelle Diskriminierung aufgrund von Ethnie, Migrationshintergrund oder anderer Erstsprache weist dabei zwei spezielle Formen auf:

- »*Negative Diskriminierung* liegt vor, wenn Jugendliche mit Migrationshintergrund aufgrund ihrer nationalen Herkunft in einem Betrieb nicht erwünscht sind, da ihnen herkunftsbedingte *negative Eigenschaften* unterstellt werden.« (Thielen, 2014, S. 213, Hervorh. i. O.)
- »*Positive Diskriminierung* besteht, wenn Schülerinnen und Schüler bestimmter nationaler Herkunft aufgrund ihrer Herkunft im Betrieb ausdrücklich erwünscht sind. Angesichts *kultureller* und *sprachlicher Homogenität* der Mitarbeiterschaft wird eine gute Arbeitsleistung erwartet.« (ebd., S. 212, Hervorh. i. O.)

3.3 Soziale Benachteiligung und Ungleichheit im Übergang

Allgemein vermerkt Hormel (2013), dass Mechanismen, die zu sozialer Ungleichheit führen, nicht nur beim *Zugang* zur Ausbildung, sondern auch durch die hierarchisierende *Struktur des Arbeitsmarktes* bzw. der Berufsfelder wirksam werden. Demnach seien Berufe, deren Zugang weniger durch Zertifikate und Leistungskriterien strukturiert sind, also »weniger privilegierte Ausbildungsgänge« (ebd., S. 252), »noch stärker anfällig für informelle Kriterien und damit ggf. auch für kollektivistische Schließungen entlang zugeschriebener Merkmale wie Geschlecht oder Migrationshintergrund« (ebd.). Jedoch gilt auch, je niedriger das Qualifikationsniveau, desto größer sind strukturelle Benachteiligung, Stigmatisierung und Exklusionsrisiko. Jugendliche mit Migrationshintergrund sind demnach im Übergangssystem überrepräsentiert (ebd., S. 254ff.).

Aus einer intersektionalen Perspektive zeigt auch Thielen (2014) auf, wie Migration und Behinderung beim Übergang in die Arbeitswelt ineinandergreifen können: Nicht nur wirken beide Differenzmerkmale erschwerend, sondern können sogar einander bedingen, indem Jugendlichen mit Migrationshintergrund weitaus öfter ein sonderpädagogischer Förderbedarf attestiert wird: »Allzu schnell ließe sich nämlich vermuten, dass ein Migrationshintergrund per se ein Risiko für erfolgreiche berufliche Bildung darstellt und demzufolge einen besonderen berufsvorbereitenden Förderbedarf begründet« (Thielen, 2014, S. 206). Aus der Annahme, Migration sei per se förderungsbedürftig, erwächst somit lediglich eine weitere Benachteiligungsdimension:

> »Der Migrationshintergrund droht je nach nationaler Herkunft am Übergang von der Schule in die Berufsausbildung ähnlich *behindernde Effekte* nach sich zu ziehen, wie eine *funktionale Beeinträchtigung*, die Teilhabe an beruflicher Bildung wird empfindlich eingeschränkt« (ebd., S. 217, Hervorh. i. O.).

Es zeigt sich erneut, dass nicht Differenzmerkmale per se ein bestimmtes Risiko nach sich ziehen, sondern der gesellschaftliche und zum Teil auch gesetzliche Umgang mit diesen zu Benachteiligung führt.

3 Begriffe und Theorien im Kontext von (inklusiven) Übergängen

Differenzmerkmal Behinderung

Menschen mit Behinderung tragen zahlreiche Exklusionsrisiken im Lebenslauf, die sich durch fortschreitende Diskriminierungsprozesse zu Exklusionskarrieren verfestigen können. Interessant erscheint vor allem, dass mit zunehmender Bildungsstufe das Exklusionsrisiko für Jugendliche mit Behinderung nicht abnimmt, sondern steigt (Fasching, 2019; Demmer, 2017, S. 96). Der Übergang von der Schule in den Beruf bildet dabei einen zentralen Dreh- und Angelpunkt, an dem sich Benachteiligung und Diskriminierung verschärfen können. In der Regel verläuft der Übergang von der Schule in die Arbeitswelt bei vielen Schüler*innen, denen in ihrem Bildungsweg ein Sonderpädagogischer Förderbedarf (SPF) zugeschrieben wurde – trotz Etablierung arbeitsmarktpolitischer Integrationsmaßnahmen –, auf segregativen Wegen. Viele Jugendliche mit Sonderpädagogischem Förderbedarf (SPF) münden nach der Schule in außerbetriebliche Maßnahmen der Berufsvorbereitung und Ausbildung und finden letztendlich ihren Arbeitsplatz nur in den Werkstätten mit Arbeits- und Beschäftigungstherapie oder auch in integrativen Betrieben (Fasching, 2012; Lindmeier & Schrör, 2015).

Gemäß OECD liegt die NEET-Rate (15–19-Jährige) in der letzten Messung 2019 in Österreich bei 6,6 %, in der Schweiz bei 4,3 % im Vergleich zum OECD Durschnitt von 6, 4%. Die letzte Bemessung für Deutschland liegt im Jahr 2018 bei 3,4 % (OECD, 2019). 13,2 % der jungen Menschen, die sich nicht in (Aus-)Bildung oder Arbeit befinden (Not in Education, Employment or Training, NEET), weisen als Differenzmerkmal eine Behinderung oder Krankheit auf. Österreich liegt damit über dem EU-Durchschnitt von NEET aufgrund von Behinderung von 7,1 % (Eurofond, 2016, S. 2). Zudem verlassen 8 % der Jugendlichen dieser Gruppe im Pflichtschulalter in Österreich die Schule frühzeitig (Early School Leavers, ESL) (Husny & Fasching, 2020, S. 2).

Allerdings bezieht sich die Bezeichnung ›Jugendliche mit Behinderung‹ auf eine sehr heterogene Gruppe mit teils unterschiedli-

3.3 Soziale Benachteiligung und Ungleichheit im Übergang

chen Benachteiligungsrisiken und Herausforderungen. Wird Behinderung als dynamisches und relationales Gebilde verstanden, dann können diese »folglich auch im Kontext schulischer und beruflicher Bildung ohne eine Beschreibung institutioneller Strukturen, Logiken und Praktiken, die möglicherweise benachteiligend, diskriminierend oder ausgrenzend wirken, gar nicht identifiziert und beschrieben werden« (Wansing et al., 2016, S. 73). Gerade für Jugendliche mit Sonderpädagogischem Förderbedarf (SPF), erhöhtem Förderbedarf und Absolvent*innen von Sonder- oder Förderschulen gestaltet sich der Übergang in den ersten Arbeitsmarkt oftmals schwierig. Im Vergleich zu Absolvent*innen anderer Schultypen bietet ein Sonderschulabschluss nur ein geringes Qualifizierungsniveau, wodurch vielen Schüler*innen dieser Förderschwerpunkte mangelnde Ausbildungsreife zugeschrieben wird (Galiläer, 2011, S. 2f.). Auch Fasching weist mit Bezugnahme auf durchgeführte Elternbefragungen darauf hin, dass die schulische Lehrplanordnung und vor allem die Beschulung unter einem Sonderlehrplan sich »auf langfristige Sicht stärker benachteiligend auf die nachschulischen Bildungschancen auswirken als das Geschlecht« (Fasching, 2016, S. 303).

Hinsichtlich der Gruppe von Jugendlichen mit Behinderung zeigt sich eine paradoxe Situation. Während einerseits der Zugang zum ersten Arbeitsmarkt als große Hürde gesehen wird, wird andererseits durch den zweiten oder dritten Arbeitsmarkt (Integrative Betriebe, Beschäftigungstherapie, Tagesstruktur und Werkstätten für Menschen mit Behinderung) die Möglichkeit eines lückenlosen Übergangs geboten. Dies jedoch nur zum Preis der schweren Revidierbarkeit. Die Transition von Förderschule in den zweiten oder dritten Arbeitsmarkt ist »weitgehend standardisiert« (Lindmeier & Schrör, 2015, S. 152). Gerade Jugendliche mit intellektueller Beeinträchtigung münden dabei oftmals direkt in Strukturen des Ersatzarbeitsmarkts. Sie erfahren dadurch zwar weitaus weniger Barrieren im Übergangsverlauf, »aber um den Preis der dauerhaften Ausgliederung aus dem sog. ›ersten Arbeitsmarkt‹ und der Stigmatisierung als ›wesentlich behindert‹ und ›eingeschränkt leistungsfä-

3 Begriffe und Theorien im Kontext von (inklusiven) Übergängen

hig« (ebd.). Besonders für junge Erwachsene mit Behinderung ergibt sich die paradoxe Situation, dass sie zwar durch die nahtlose Einmündung in den zweiten Arbeitsmarkt eine größere soziale Sicherheit haben, dadurch jedoch kaum Chancen haben, irgendwann in den ersten Arbeitsmarkt zu wechseln (Lindmeier & Schrör, 2015, S. 152). Hier zeigt sich die nur schwere Revidierbarkeit eines einmal eingeschlagenen Pfades, der die Chancen für Bildungsaufstieg nachhaltig beeinflusst. Gerade durch das Vorhandensein von Sondersystemen und -maßnahmen für junge Menschen mit Behinderung wird also die Partizipation an Ausbildung und Arbeit eingeschränkt. Muche (2013, S. 167) vermerkt, dass ein nahtloser Übergang in die WfbM vor allem für Jugendliche mit der Diagnose einer intellektuellen Beeinträchtigung realisiert wird, während die Einmündung in das Übergangssystem vor allem Jugendlichen mit Lernbehinderung nahegelegt wird: »So führt ein bestimmtes Etikett in der Regel zu Übergangsautomatismen in Richtung Sonderarbeitsmarkt, ein anderes Etikett führt zur Überleitung in ein eigens geschaffenes Übergangssystem« (ebd., S. 170). Trotz der Pluralisierungstendenzen zeichnen sich die »Übergänge vieler Menschen mit Behinderung [...] heute gerade aufgrund ihrer häufig standardisierten Verläufe [...] und ihrem Mangel an Optionen ab« (ebd., S. 170f.).

Damit zusammen hängt auch, dass die Ausbildungs- und Berufspfade von jungen Menschen mit Behinderung wesentlich von Gatekeepern vorgezeichnet und mitbestimmt werden. Dies sind vor allem Professionelle aus dem erzieherischen oder sozial(arbeiterisch)en Bereich, die »die Aufgabe [haben], die Individuen durch diesen Übergang zu geleiten und gleichzeitig sicher zu stellen, dass sie dort landen, wo sie entsprechend der gesellschaftlichen Arbeitsteilung nach Alter, Geschlecht, Zugehörigkeit oder Bildung auch landen sollen« (Walther, 2013, S. 20). So wird vielen Jugendlichen, die eine Sonderschule besuchen, der Besuch von Übergangsmaßnahmen statt einer Bewerbung um einen Ausbildungsplatz am ersten Arbeitsmarkt vorgeschlagen (Hofmann-Lun, 2014, S. 377). Allerdings ist »[d]ie Beteiligung der Gatekeeper an den Übergangsprozessen [...] abhängig vom jeweiligen Übergangsregime« (Lindmeier & Schrör, 2015, S. 153). Vorsicht ist demnach geboten, wenn Gatekeepingprozesse im Übergang vor allem gemäß struktureller (Zu-)Ordnungslogiken operieren und kaum die Anbahnung individueller Handlungsfähigkeit und alternativer Entscheidungspfade in den Blick genommen wird.

In einer qualitativen Studie betonen Bergs und Niehaus (2016), dass Jugendliche mit Behinderung ihre Behinderung als oftmals determinierenden Einflussfaktor in die Suche nach einem Ausbildungsplatz miteinbeziehen. Entscheidungen hinsichtlich Berufswunsch und Ausbildungsplatz werden nicht unabhängig von der eigenen Behinderung formuliert. Weitere Bedingungsfaktoren für die Berufswahl stellen durchgeführte Praktika dar. Diese hätten laut Angaben der Jugendlichen zu einer subjektiv besseren Berufseinschätzung geführt und den Einstieg in den ersten Arbeitsmarkt erleichtert. Die Studienergebnisse zeigen weiters, dass die Zugangsschwelle für Berufe am ersten Arbeitsmarkt sank und Jugendliche offener mit der eigenen Behinderung im Bewerbungsverlauf umgingen, wenn Bewerbungen von Menschen mit Behinderungen ausdrücklich gewünscht waren. Zudem wurde auf der anderen Seite herausgestellt, dass Informationslücken bei Jugendlichen, deren Eltern und Vermittlungspersonen sowie die Unwissenheit von Arbeitgebern am ersten Arbeitsmarkt betreffend der Anstellung von Menschen mit Behinderung wesentliche Barrieren darstellen (ebd., S. 5ff.).

Fasching (2012a) nimmt im Kontext nachschulischer beruflicher Bildung und Arbeit den Zusammenhang der Faktoren ›Behinderung‹ und ›Geschlecht‹ in den Blick. Ihre Analysen zeigen auf, dass weibliche Jugendliche mit Behinderung weniger Unterstützung durch Eltern und Professionelle erfahren und zudem weniger von Unterstützungsangeboten profitieren als ihre männlichen Kommilitonen:

> »Frauen mit Behinderung erwerben geringere Bildungsabschlüsse als Männer mit Behinderung, sie verfügen seltener über eine abgeschlossene Berufsausbildung und ihre Erwerbsbeteiligung ist vergleichsweise gering. Der Zugang zum regulären Arbeitsmarkt wird ihnen – trotz des Angebots beruflicher Integrationsmaßnahmen – erschwert.« (ebd., S. 2)

Schüler*innen mit intellektueller Beeinträchtigung erfahren im Allgemeinen eher Nachteile gegenüber der Gruppe von Jugendlichen mit Lernbehinderung hinsichtlich inner- und außerschulischer beruflicher Beratung, Coaching oder auch dem Zugang zu integrativen Ausbildungsplätzen. Gerade junge Frauen mit geistiger Behinderung erfahren gegenüber jungen Frauen mit Lernbehinderung sowie jungen Männern mit geistiger oder Lernbehinderung entscheidende Nachteile in Bezug auf ihre Chancen in der beruflichen Bildung. Konkret geht es dabei um berufliche Beratung, die Absolvierung von Praktika oder die Möglichkeit integrativer Berufsausbildung. Gemäß der Studienergebnisse gelang es Jugendlichen mit geistiger Behinderung beiderlei Geschlechts seltener, einen integrativen Ausbildungsplatz am ersten Arbeitsmarkt zu erhalten. Fasching kommt zu dem Schluss, dass sich die Art der Beschulung (Lehrplan der Allgemeinen Sonderschule bei Lernbehinderung oder Sonderschullehrplan bei geistiger Behinderung) und die damit zugeschriebene Art der Behinderung (Lernbehinderung oder geistige Behinderung) von Jugendlichen mit Behinderung stärker auf die Teilhabe an beruflicher Bildung und Arbeitsmarkt auswirken als Geschlecht. Innerschulische Segregation setzt sich damit im Bereich nachschulischer Bildung und Ausbildung fort. Dennoch ist eine »strukturelle Benachteiligung behinderter Frauen gegenüber behinderten Männern« zu vermerken (Fasching 2012a, S. 1). Weibliches Geschlecht und Art der Behinderung wirken demnach verstärkt benachteiligend: »Bei weiblichen Schulabsolventen mit geistiger Behinderung lässt sich nämlich eine segregative Bildungslaufbahn deutlicher feststellen als bei männlichen Schulabsolventen mit geistiger Behinderung« (ebd., S. 12).

Differenzmerkmal Geschlecht und Gender

Eine offensichtliche Frage in Bezug auf die Kategorien Geschlecht und Gender im Übergang von der Schule in den Beruf stellt vor allem jene nach geschlechtsstereo(un)typischen Berufswahlen dar, die bereits im Kontext des schulischen Berufsorientierungsunter-

3.3 Soziale Benachteiligung und Ungleichheit im Übergang

richts thematisiert werden (Faulstich-Wieland, 2016). Diese Frage greift jedoch in Bezug auf die Herstellungs- und Wirkungsweisen von Gender an diesem Übergang zu kurz, da an vielen Stellen geschlechtsstrukturierende Ordnungen wirken. Das zeigt sich nur unter anderem in Bezug auf die Berufswahl von Jugendlichen hinsichtlich ›typischer Frauen- bzw. Männerberufe‹. Junge Frauen und Männer haben in ›geschlechtstypischen‹ Berufen nachweislich höhere Chancen auf einen Ausbildungsplatz, wodurch »eine Orientierung auf ›untypische‹ Berufe also in gewisser Weise paradox« und irrational erscheint (Faulstich-Wieland, 2017, S. 163). Stauber (2013, S. 150, Hervorh. i. O.) gibt zu bedenken, dass »nicht von *geschlechtsspezifischer Berufswahl* gesprochen werden [kann] [...], sondern vielmehr von einem *geschlechterdifferenzierenden Übergang* von der Schule in den Beruf, [...] in dem die geschlechtsbezogenen Unterschiede in Interaktionen immer wieder hervorgebracht, aber auch modifiziert werden«.

Ein solcher geschlechterdifferenzierender Übergang wird unter anderem auch durch die oftmals angebotenen Girls oder Boys Days verstärkt, bei denen das Interesse an geschlechtsuntypischen Berufen geweckt werden soll. Gerade dabei würden Genderzuschreibungen nicht aufgelöst, sondern weiter verstärkt:

> »In dem Moment, in dem die Geschlechterverhältnisse in diesen Berufen betont werden, wird die ›Ungewöhnlichkeit‹ eines Engagements oder Interesses daran aufgerufen. [...] Geschlecht wird dramatisiert, wodurch die jeweiligen Mädchen oder Jungen zu ›außergewöhnlichen‹ werden.« (Faulstich-Wieland, 2017, S. 41)

Weiters zeigt sich, dass nicht nur Berufswahl, sondern auch Berufspfade und Karrieremöglichkeiten von Genderproblematiken durchzogen sind. Dies zeigt sich nicht erst im Phänomen der gläsernen Decke, sondern bereits in Bezug darauf, inwieweit schulische Abschlüsse verwertet werden können (Faulstich-Wieland, 2014 u. 2016; Driesel-Lange, 2017). Diesbezüglich kann festgehalten werden, dass Mädchen in der Regel zwar höhere schulische Abschlüsse erlangen, später jedoch in Arbeitsverhältnisse mit schlechterer Bezahlung und größerer Unsicherheit einmünden als Jungen, die einen Zertifizierungsnachteil durch besser bezahlte Arbeitsplätze mit höheren Positionen oder besseren Aufstiegschancen in der Regel leichter kompensieren können (Driesel-Lange, 2017). Diese Lage spitzt sich bei jungen Frauen mit Migrationshintergrund noch weiter zu (Stauber, 2013, S. 145).

Sprechweisen von »vergeschlechtlichen Übergängen« (Buchen, 2013, S. 131) oder einem »latenten Geschlechterbezug« (Stauber, 2013, S. 142) in Bezug auf Anforderung und Bewältigung von Übergängen weisen darauf hin, dass sich Bildungs- und Berufsmöglichkeiten nicht aufgrund der (Zuschreibung zur) Zugehörigkeit zu einem Geschlecht auftun oder verschließen können, sondern Geschlecht im Sinne eines ›doing gender‹ vorgegeben und mitstrukturiert wird (Stauber, 2013).

Berufe unterliegen einerseits einer sozial konstruierten Geschlechtstypik, werden landläufig in ›Frauen- und Männerberuf‹ unterteilt. Andererseits hängen sowohl Wunschberuf als auch Berufsalternativen wesentlich vom »geschlechtlichen Selbstbild« ab:

»Die infrage kommenden Berufe müssen mit dem geschlechtlichen Selbstbild übereinstimmen und sie dürfen weder vom Image her unterhalb des für einen selbst noch akzeptablen Bereichs liegen noch oberhalb dessen, was an Anstrengung sinnvoll ist« (Faulstich-Wieland, 2014, S. 40).

Der Übergang von der Schule in den Beruf wird aus Gendersicht bereits ab Kindesalter präfiguriert.

Pädagogische Arbeit an der Schnittstelle Schule-Beruf steht damit vor der Herausforderung, gleichzeitig ein De- sowie ein Re-Gendering zu betreiben (Stauber, 2013, S. 151; Faulstich-Wieland, 2014, S. 42), indem sie die dramatische Darstellung von Geschlecht bei ›typischen und untypischen Berufen‹ aufzulösen versucht, Diskriminierungen und Benachteiligungen aufgrund von Geschlecht dennoch aufzuzeigen vermag. Vor allem auch die Einstellung zu und Annahmen über Geschlecht vonseiten der Fachkräfte nehmen erheblichen Einfluss auf die Berufswahl junger Erwachsener (Faulstich-Wieland, 2014, S. 42). Buchen (2013, S. 133) spricht von der Bedeutsamkeit von »Genderreflexivität«, gerade für Gate-Keeper*innen im Übergang, wie Lehrer*innen, Coaches oder Berufsberater*innen, und meint damit, »dass auch das eigene (geschlechtsbezogene) Handeln [der*des Beratenden] der Reflexion zugänglich ist« (ebd.).

3.4 Übergänge und Bewältigung

Übergänge sind nicht nur mit Statuswechseln und Entwicklungspotentialen verbunden, sondern »setzen subjektive Bewältigungsaufforderungen frei« (Böhnisch, 2018, S. 266). Dabei bilden Menschen beständig Muster und Strategien aus, die ihnen bei der Bewältigung schwieriger Situationen oder Phasen nützlich sein sollen. In psychologischer Fachliteratur werden diese Bewältigungsmechanismen vor allem als Copingmechanismen beschrieben. Herzog spricht dabei 1991 vom Menschenbild des ›Coping Man‹. Der Begriff des Copings geht zurück auf das Transaktionale Stressmodell von Lazarus (1991). Stress entsteht diesem Modell zufolge, sobald ein Ungleichgewicht zwischen den Anforderungen der Umwelt und den intrapersonellen Möglichkeiten und Ressourcen besteht. Werden die Umweltreize und das so entstehende Ungleichgewicht in einem innerpsychischen Bewertungsprozess als stressrelevant eingestuft, setzen individuelle Bewältigungsstrategien ein. Coping stellt einen natürlichen Mechanismus dar, der auf eine möglichst rasche Herbeiführung eines erneuten inneren Gleichgewichts (Homöostase) zielt. Stress- und Copingreaktionen betreffen das subjektive Empfinden, das Handeln bzw. die Verhaltensweisen der Person sowie körperliche Veränderungen (Lazarus, 1991).

Dieser Ansatz greift insofern für eine inklusionspädagogische Herangehensweise zu kurz, als die Gewordenheit einer prekären Lebenssituation, wie sie etwa bei einem Übergang von der Schule in den Beruf entstehen kann, nicht beachtet wird. Copingprozesse werden in Form von spontanen Trial and Error-Reaktionen gefasst

3 Begriffe und Theorien im Kontext von (inklusiven) Übergängen

und der Einfluss des sozialen Umfelds nur bedingt berücksichtigt. Stress und Umwelteinflüsse werden weitgehend als körperliche Sensationen beschrieben, auf die dann spontan reagiert wird. Schließlich ist das Konzept in diesem Zusammenhang als unzureichend zu betrachten, weil auf einen einzelnen Stressreiz reagiert wird, die Komplexität der Gesamtsituation aber unverstanden bleibt, wenn es beispielsweise darum geht, wie Benachteiligung im Übergang durch verwehrte Zugänge und die Einschränkung individueller Handlungsmöglichkeiten zustande kommt. Böhnisch und Schröer (2004, S. 472) sprechen unter Bezugnahme auf Kohli auch von der »physiologisch-psychologische[n] Begrenztheit« des Copingbegriffes.

Ein alternativer Ansatz zum Copingkonzept wird etwa in der Sozialpädagogik durch Lothar Böhnisch vertreten und stellt das Zusammenwirken von intra- wie auch interpersonellen Faktoren in den Mittelpunkt. Sozialisationsprozesse bedingen laut Böhnisch (2018) stets auch Bewältigungsprozesse. Böhnisch und Schefold (1985; Böhnisch, 2018) koppeln den Begriff der Bewältigung explizit an biographische Übergänge und sprechen in einem weiten Sinne von *Lebens*bewältigung. Lebensbewältigung wird dabei als Aufgabe aller Individuen verstanden und weist gerade in der Moderne eine spezifische Konstellation auf: Die »Entgrenzung der Lebensalter« (Böhnisch, 2018, S. 266) in der zweiten Moderne bedinge eine Entstandardisierung des Lebenslaufes und resultiere in der Implodierung des Konzepts der Normalbiographie. Im Besonderen bei Übergängen komme es zur Freisetzung zahlreicher und vielfältiger Bewältigungsprozesse für das Individuum. Herausfordernd hinsichtlich des nachschulischen Übergangs ist dabei vor allem, dass die Übernahme eindeutiger Rollen und sozialer Positionen, welche bislang weitgehend durch die Ausübung eines ›Lebensberufs‹ sichergestellt wurden, abnimmt. Böhnisch (2018, S. 266) fasst diese Lage wie folgt zusammen:

»Das Korsett der Arbeit hält den Lebenslauf nicht mehr selbstverständlich zusammen, die institutionalisierte Abfolge der Lebensalter ist vielfach

3.4 Übergänge und Bewältigung

durchbrochen. Wir sprechen in diesem Zusammenhang von einer Entgrenzung der Lebensalter. Individuelle Lebensverläufe und institutionelle Statuspassagen driften auseinander. Dadurch entstehen besondere Bewältigungslagen des Übergangs.«

Das sozialpädagogische Bewältigungskonzept zielt darauf ab, sowohl die strukturellen Bedingungen und Ursachen von Benachteiligungen oder prekären Lebenslagen zu erfassen als auch auf Seiten des Individuums Einschätzungen, lebensgeschichtliche Verläufe und Bewältigungsmuster miteinzubeziehen. So kann die aktuelle Lebenslage und ihre biographische Gewordenheit zur Basis für pädagogische Interventionen werden:

> »Die Lebenslage wird [...] als eine sozialdynamische Konstellation gesehen, in der sich subjektive Bewältigungsperspektiven, die Ressourcen individueller Lebensgestaltung, sozialstrukturelle Bedingungen und sozialstaatliche Problemakzeptanz miteinander vermitteln.« (Böhnisch & Schröer, 2004, S. 472f.)

In ganzheitlicher Weise wird hier also die strukturelle wie auch die individuelle Dimension berücksichtigt:

> »Dementsprechend fragen wir zuerst, welche Art von Übergangskonstellationen und darin enthaltene Bewältigungsaufforderungen wie -probleme gesellschaftlich freigesetzt werden und dann danach, wie die betroffenen Menschen aus ihrer altersspezifischen Lebenslage heraus damit konfrontiert sind und welche Bewältigungsstrategien sie entwickeln.« (Böhnisch, 2018, S. 267)

Schwierige Lebenslagen werden dabei nicht als individuelles Versagen verstanden, sondern Schwierigkeiten und Benachteiligungen im Kontext verwehrter Zugänge und eingeschränkter Handlungsfähigkeit thematisiert. Menschen sind durch ihr beständiges »Bewältigungshandeln« dabei immer »im Streben nach Handlungsfähigkeit« begriffen (Böhnisch, 2018, S. 266). Dies erfolgt durch das Ausloten der Möglichkeiten, die Antizipation von Bewältigungsstrategien und die Wiedergewinnung *biographischer Handlungsfähigkeit*. Diese Handlungsfähigkeit geht einher mit einem subjektiv erlebten, psychosozialen Gleichgewicht. Das pädagogische Moment im Übergangsprozess besteht, folgt man Böhnischs Ausführungen, somit nicht in der Handreichung verschiedener Copingstrategien, sondern in der Reflexion und Herbeiführung sozialer Unterstützungsprozesse, um das Individuum zur (Wieder-)Gewinnung eigener Handlungsfähigkeit zu befähigen. Bewältigung wird demnach auf einer strukturellen wie auch auf einer individuellen Ebene gefasst.

Einen wesentlichen Teil pädagogischen Handelns stellt also auch die Bewusstmachung und Reflexion bisheriger Bewältigungsstrategien dar, wodurch das Individuum auch für zukünftige Problemkonstellationen in einem reflexiven Sinne handlungsfähig werden kann. Im Hinblick auf den Übergang von der Schule in den Beruf bedeutet dies, nicht auf eine kurzfristige, einmalige Bewältigung eines Übergangs abzuzielen, wie etwa durch die Zuweisung eines Ausbildungs- oder Arbeitsplatzes, sondern mit dem*der Jugendlichen gemeinsam ein Verständnis für deren Lebenslage zu gewinnen. Partizipation, Selbstbestimmung und Empowerment sind dabei wichtige Grundprinzipien pädagogischen Handelns und das Eingehen auf Wünsche, Bedürfnisse und Interessen des*der Jugendlichen bedeutsam im Unterstützungsprozess.

Die pädagogische Unterstützung bei der Bewältigung von Übergängen ist jedoch stets auch kritisch zu reflektieren, denn derlei Hilfestellungen können nicht nur zur Bewältigung des Übergangs beitragen, sondern – etwa durch eine Kette kurzfristiger Interventionen – im Gegenteil einen Verbleib in der »Warteschleife« (Ginnold, 2008) begünstigen. In Anlehnung an Yosso (2005) merkt Siegert (2020) an, dass zu sehr auf fehlendes ›Kapital‹ von Personen verwiesen wird, wenn fehlendes Passungsverhalten zum Bildungs- oder Ausbildungssystem angeprangert wird. Bei Yosso wird deshalb eine Ausdifferenzierung des kulturellen Kapitals in sechs weitere Formen vorgenommen, deren »Reiz ... nicht nur in [der] analytischen Schärfe, sondern auch in der Möglichkeit, defizitorientierte Sichtweisen auf benachteiligte Gruppen zu überwinden und die Bemühungen sowie Bewältigungsstrategien in den Vordergrund zu stellen« liegt (Siegert, 2020, S. 41).

3.4 Übergänge und Bewältigung

Tab. 3.4: Kapitalformen nach Yosso (2005, p. 77ff.) in Siegert (2020, S. 41) (übersetzt)

aspirational capital	Dabei geht es um die Fähigkeit, Hoffnungen oder Wünsche über die Zukunft auszubilden, auch wenn die Person sich aktuell in einer schwierigen oder benachteiligten Situation befindet. Yosso (2005) bezeichnet dieses Kapital auch als eine resiliente Haltung, die innerhalb der Familie kommuniziert werden kann.
linguistic capital	Ursprünglich geht es dabei vor allem um den Aspekt der Zweisprachigkeit und wie mit Sprachen umgegangen wird. Ein Aspekt, der für den Kontext der Arbeit besonders interessant ist, ist dieser der Begleitung der Eltern zu Amtsgängen, um bspw. Übersetzungsleistungen zu leisten. Dies ist zwar nicht bei allen befragten Jugendlichen der Fall, aber die meisten setzen sich mit Amtsgängen der Eltern auseinander und haben diesbezüglich ein bestimmtes Vokabular erworben, das in diesem Kontext hilfreich ist.
familial capital	Diese Kapitalart bezieht sich auf Wissen, das innerhalb des familialen Kontextes erworben worden ist und weitet dabei das Verständnis von ›Familie‹ aus auf erweiterte Familie. Im Mittelpunkt steht hier die Bedeutung »of maintaining a healthy connection to our community and its resources« (ebd., p. 79).
social capital	Diese Form des Kapitals weist große Ähnlichkeiten zu Bourdieus sozialem Kapital auf, wobei hier eine stärkere Betonung der emotionalen Unterstützung vorliegt. Auch wird das soziale Kapital in diesem Rahmen zielgerichtet auf Bildungsunternehmungen formuliert, so dass die Suche von Personen nach Unterstützung abgebildet und berücksichtigt werden kann.
navigational capital	Diese Kapitalform ist anschlussfähig an das »social capital«, weil es die »skills of maneuvering through social institutions« (ebd., p. 80) beschreibt.
resistant capital	Diese Kapitalart beschreibt »knowledges and skills fostered through oppositional behavior that challenges inequality« (ebd., p. 80). Im Rahmen der Arbeit kann diese Kapitalform als erkenntnisreich angesehen wer-

Tab. 3.4: Kapitalformen nach Yosso (2005, p. 77ff.) in Siegert (2020, S. 41) (übersetzt) – Fortsetzung

den, da sie in Kombination mit weiteren Formen eine Bewältigungsstrategie abbildet und damit die Möglichkeit zur Handlungsfähigkeit darstellt, indem auch ›abweichende‹ Verhaltensweisen als »resistant capital« angesehen werden.

Pädagogisches Handeln im Übergang ist also in besonderer Weise darauf angewiesen, selbstkritisch und selbstreflexiv zu bleiben, um Jugendliche in ihrem konkreten Bewältigungshandeln wahrzunehmen, anstatt den Blick allein auf auszugleichende Defizite zu richten, mit denen dann schlechte Chancen in Aussicht gestellt werden.

3.5 Übergangsgerechtigkeit und Capabilities Approach

Die Frage nach Inklusion im Übergang ist stets auch normativ gerahmt. Mit ihr gehen unter anderem Fragen nach Gerechtigkeit beim Übergang in und im Kontext beruflicher Bildung einher. Gerechtigkeit ist im Hinblick auf zwei aufeinander bezogene Pole zu fassen: Gerechtigkeit als individuelles Merkmal oder Tugend sowie strukturelle Gerechtigkeit. Die Frage nach Gerechtigkeit im Übergang betreffend ist vor allem die Auslegung der zweiten Form von Bedeutung. Fragt man zudem nach den Bildungschancen, Partizipationsmöglichkeiten sowie Wahl- und Entscheidungsfreiheiten von Jugendlichen mit Benachteiligung verweist dies auf den Topos der sozialen Gerechtigkeit. Theorien sozialer Gerechtigkeit gründen auf Annahme der Gleichheit aller Menschen. Aus dem Grundprinzip der Anerkennung der Gleichheit aller Menschen hinsichtlich gleicher Achtung und Berücksichtigung folgt jedoch nicht die Gleichbe-

3.5 Übergangsgerechtigkeit und Capabilities Approach

handlung aller Menschen, sondern eher eine gerechtfertigte Ungleichbehandlung. Da Jugendliche mit Behinderung strukturell mehr Benachteiligung im Übergang in die Berufsausbildung erfahren, gilt es demnach, Strukturen zu ihren Gunsten zu etablieren, um gleiche Achtung und Berücksichtigung zu gewährleisten (Lindmeier, 2012, online).

Soziale Gerechtigkeit kann als eine Form struktureller Gerechtigkeit gefasst werden. Mit Rawls (1979) zielt sie auf eine gerechte Sozialordnung durch die gerechte Verteilung von Ressourcen durch soziale Institutionen. Rawls Konzept einer fairen Gerechtigkeit basiert auf dem Prinzip der Verteilungsgerechtigkeit und zielt auf die gerechte Verteilung von materiellen Gütern und Ressourcen (Rawls, 1979; Dabrock, 2008).

Alternativ versteht sich der Capabilities Approach (Sen & Nussbaum; dt. u. a. Befähigungsansatz oder Verwirkichungschancenansatz) als Weiterentwicklung von Rawls Ansatz und betrachtet die individuelle Verfügbarkeit von Ressourcen nicht als Ziel, sondern als Bedingung für Gerechtigkeit. Die Herstellung von gerechten Verhältnissen selbst müsse jedoch noch einen Schritt zurückgedacht werden und sich auf Möglichkeiten beziehen, durch die sich ein Mensch mithilfe seiner Ressourcen selbst befähigen und verwirklichen kann. Im Capabilities Approach wird »[s]oziale Gerechtigkeit als Gewährleistung gleicher Entwicklungschancen« (Lindmeier, 2012, online) verstanden. In der Auslegung Nussbaums sind Capabilities (Wahl-)Befähigungen zur Verwirklichung eines menschenwürdigen und (nach individuellen Maßstäben gemessenen) guten Lebens. Sie stellen einen Minimalstandard und Schwellenwert dar, nach deren Erfüllung eine Gesellschaft als gerecht gelten kann. Im Capabilities Ansatz werden also die individuelle Frage nach einem guten Leben mit struktureller Gerechtigkeit, die nach den Bedingungen für eine gerechte Gesellschaft fragt, verbunden (Nussbaum, 2000; Nussbaum, 2006).

Dem Begriff der Capabilities (Befähigungen, Verwirklichungsmöglichkeiten) wird jener der Functionings (Funktionsweisen) zur Seite gestellt. Functionings beziehen sich auf die tatsächlich verfügbaren, individuellen Ressourcen. Darunter sind nicht nur materielle Güter zu verstehen, sondern allgemeiner das, was Menschen sind und was sie tun. Capabilities und Functionings verhalten sich zueinander so, dass Capabilities »die objektive Menge an Möglichkeiten [abbildet; Anm. d. Verf.], unterschiedliche Kombinationen bestimmter Qualitäten von Funktionsweisen zu verwirklichen« (Otto & Ziegler, 2008, S. 11; Hervorh. i. O.). Die Wahrnehmung dieser Capabilities liegt nicht nur in den individuellen Functionings begründet, sondern ist auch durch gesellschaftliche Strukturen und institutionelle Mechanismen bestimmt (vgl. Nussbaum, 2000; Nussbaum, 2006; Otto & Ziegler, 2008).

In Bezug auf Arbeit und Beruf erscheint das Konzept unter der Bezeichnung »capability for work« (Bonvin & Glaser, 2010, p. 72), wobei zwei Dimensionen als zentral ausgewiesen werden: »opportunity freedom« sowie »process freedom« (ebd.).

Ersteres bezieht sich auf eine reale Auswahl an Berufs- und Ausbildungsmöglichkeiten am und reale Zugangsmöglichkeiten zum ersten Arbeitsmarkt. Möglichkeitsfreiheit meint aber beispielsweise auch, die reale Möglichkeit zu haben, unterbezahlte Stellen abzulehnen und nicht ›um jeden Preis‹ arbeiten zu müssen. Die zweite Capabilities-Form bezieht sich auf die Möglichkeit zur aktiven und partizipativen Mitgestaltung der Anstellung und Arbeitsstelle, beispielsweise Verhandlungsmöglichkeiten in Anspruch nehmen zu können (ebd.).

Im Capabilities Approach wird ein alternatives Verständnis von Gerechtigkeit konzipiert, das für inklusive Zusammenhänge erfolgsversprechend ist. In diesem Sinn ist es essentiell, den Capabilities Approach nicht so auszudeuten, dass von struktureller Ungleichheit Betroffenen dadurch Unterstützungsleistungen und zusätzliche Ressourcen versagt und die Etablierung ihrer Verwirklichungschancen ihnen selbst überantwortet wird. Die Etablierung von Verwirklichungschancen (Capabilities) und deren Umwandlung in konkrete Wahl- und Entscheidungsfreiheiten beim Übergang in Ausbildung und Beruf kann als Aufgabe inklusionspädagogische Bemühungen gesehen werden.

Weiterführende Literatur und Links

Bourdieu, P. & Passeron, J.-C. (1971). *Die Illusion der Chancengleichheit. Untersuchungen zur Soziologie des Bildungswesens am Beispiel Frankreichs.* Stuttgart: Klett.

Bourdieu, P. (1982). *Die feinen Unterschiede.* Frankfurt am Main: Suhrkamp.

Bourdieu, P. (1983). Ökonomisches Kapital, kulturelles Kapital, soziales Kapital. In R. Kreckel (Hrsg.), *Soziale Ungleichheiten* (S. 183–198). Göttingen: Otto Schwartz & Co.

Burzan, N. (2011). *Soziale Ungleichheit. Eine Einführung in die zentralen Theorien.* Wiesbaden: Springer.

Fasching, H., Geppert, C. & Makarova, E. (Hrsg.). (2017). *Inklusive Übergänge. (Inter)nationale Perspektiven auf Inklusion im Übergang von der Schule in weitere Bildung, Ausbildung oder Beschäftigung.* Bad Heilbrunn: Klinkhardt.

Penkwitt, H., Köhler, S.-M. & Schlüter, A. (Hrsg.) (2020). Gender. Zeitschrift für Geschlecht, Kultur und Gesellschaft. Inklusion und Intersektionalität in institutionellen Bildungskontexten (Schwerpunktheft), 12 (3).

Siegert, K. (2020). *Lebenswege erzählen. Rekonstruktion biographischer Bewältigungsstrategien von Adoleszenten am Übergang Schule – Beruf.* Dissertation: Leibniz Universität Hannover.

Solga, H., Powell, J. & Berger, P.A. (2009). *Soziale Ungleichheit: Klassische Texte zur Sozialstrukturanalyse.* Frankfurt am Main: Campus Verlag.

Wansing, G. & Westphal, M. (Hrsg.) (2014). *Behinderung und Migration. Kategorien und theoretische Perspektiven.* Wiesbaden: Springer.

Youth Unemployment rate: https://data.oecd.org/unemp/youth-unemployment-rate.htm

NEETs: https://www.eurofound.europa.eu/young-people-and-neets-1

Fachstelle Übergänge in Ausbildung und Beruf: https://www.ueberaus.de/wws/index.php

Lehrplan des Berufsvorbereitungsjahres: https://www.ris.bka.gv.at/Dokumente/BgblAuth/BGBLA_2014_II_220/COO_2026_100_2_1039355.html

Lehrplan verbindliche Übung Berufsorientierung (AHS): https://portal.ibobb.at/fileadmin/Berufsorientierung_und_Bildung/Aktuelles/bolpahs_18259-1.pdf

Lehrplan verbindliche Übung Berufsorientierung (MS): https://portal.ibobb.at/fileadmin/Berufsorientierung_und_Bildung/Aktuelles/boplnms_23225.pdf

Lehrplan verbindliche Übung Berufsorientierung (Allgemeine Sonderschule): https://portal.ibobb.at/fileadmin/Berufsorientierung_und_Bildung/Aktuelles/boplnms_23225.pdf

4

Leitbegriffe und -prinzipien der Inklusiven Pädagogik in Übergängen

> Worum es geht ...
> Die im Folgenden beschriebenen Leitprinzipien können sowohl als Verstehens- und Analysekategorien als auch als handlungsleitende Motive und Zieldimensionen verstanden werden. Sie bilden die konzeptionellen Grundlagen für die konkrete Ausgestaltung professioneller Beratungs- und Unterstützungsmaßnahmen, um das Ziel beruflicher Inklusion zu erreichen. Verdeutlicht wird dadurch auch der Wandel der Behindertenhilfe als einer von Fürsorge und Fremdbestimmung hin zu einer auf Selbstbestimmung und an Partizipation ausgerichteten Dienstleistung für Menschen mit Behinderung.

4.1 Inklusion im Übergang in die berufliche Bildung

Während es vor allem Ziel der Integration war, einzelne benachteiligte Gruppen zu unterstützen und im Sinne des Normalisierungsprinzips in bestehende gesellschaftliche Systeme zu integrieren, zielt der Inklusionsbegriff auf die Veränderung der gesellschaftlichen Strukturen, um so die Chancen möglichst aller Gesellschaftsmitglieder möglichst gerecht zu verteilen.

Das Konzept der Inklusion ist dabei stets mit einer bestimmten *Reichweite bzw. einem spezifischen Adressat*innenverständnis* verbunden, die bzw. das je nach Verwendungsart unterschiedlich ausfallen kann. Christian Lindmeier (2017, S. 231) bezeichnet diese Unterscheidung von *engem und weitem Inklusionsverständnis* nicht zuletzt als »fragwürdig«: Bezieht sich Inklusion als Veränderung institutioneller, gesellschaftlicher und politischer Strukturen nun auf alle Menschen oder in einem engeren Sinne besonders auf vulnerable Gruppen?

An anderer Stelle fügen Lindmeier et al. (2019, S. 11, Hervorh. i. O.) dieser Unterscheidung ein weiteres Verständnis hinzu:

> »Im aktuellen Begründungsdiskurs findet man also die Unterscheidung zwischen einem *(mono-)kategorialen bzw. behinderungsbezogenen*, einem *nonkategorialen bzw. radikalen* und einem *transkategorialen bzw. intersektionalen Inklusionsbegriff*, was im Umsetzungsdiskurs zu erheblichen Missverständnissen oder Spannungen führen kann.«

Ein radikaler Inklusionsbegriff stellt die grundlegende Diversität und Vielfalt aller in den Mittelpunkt und sieht von der Formulierung einzelner Bezugsgruppen ab. Er birgt damit jedoch die Gefahr, diffus zu werden. Ein (mono-)kategoriales (zumeist behinderungsbezogenes) Verständnis steht vor dem Problem, dass auch die einzelnen Benachteiligungskategorien in sich nicht homogen, sondern immer selbst heterogen seien (Walgenbach, 2016, S. 214). Somit trifft beispielsweise auf einen männlichen Jugendlichen mit dunkler Hautfarbe und einer Behinderung nie entweder die Differenzkategorie[5] ›Ethnie‹, ›Gender‹ oder ›Behinderung‹ zu, sondern diese Kategorien wirken immer schon in- und miteinander und können demnach auch nicht heuristisch getrennt werden. Diesem Verständnis trägt ein transkategorial bzw. intersektional verstandener Inklusionsbegriff Rechnung. Dieser bezieht sich »universal auf alle Lernenden, aber partikular auf vulnerable Gruppen und sich überkreuzende Differenzlinien« (Lindmeier et al., 2019, S. 10). Es ist allerdings darauf hinzuweisen, dass manche Interdependenzen von Differenzmerkmalen stärker benachteiligend wirken als andere.

Auf politischer und institutioneller Ebene ist der Inklusionsbegriff nie nur auf einzelne Unterstützungshandlungen oder -werkzeuge ausgerichtet, die bestimmte Gruppen anvisieren, sondern fokussiert ein grundlegendes Leitbild:

> »In der bildungspolitischen Diskussion bezieht sich der Begriff Inklusion auf ein *ethisches Grundprinzip*, eine normative *Zielvorgabe*, deren *Umsetzung* und die damit verbundenen *Herausforderungen*.« (Makarova, 2017, S. 47, Hervorh. i. O.)

Die besondere Bedeutsamkeit von Inklusion für die Gestaltung von Übergängen ergibt sich daraus, dass gerade dort, wo Schwellen im Lebenslauf auftauchen, sei es aus individuell-biographischen oder gesellschaftlich-bildungsstrukturellen Gründen, Benachteiligungen und damit auch Segregation und Ausschluss entstehen oder verstärkt werden (Fasching, 2017). Inklusion als gesellschaftliche und bildungspolitische Aufgabe und pädagogisches Leitprinzip erhält in Übergängen somit eine besondere Akzentuierung.

Die Forderung nach Inklusion im Bereich des Übergangs und der beruflichen Bildung basiert u. a. auf Art. 24 und 27 der UN-Behindertenrechtskonvention (UN-BRK), die in Österreich 2008 in

---

5 Als Differenzkategorien werden sozialwissenschaftliche Strukturmerkmale bezeichnet, die einzeln, aber insbesondere durch ihr Zusammenspiel zu unterschiedlichen Formen und Ausprägungen von Benachteiligung und Diskriminierung bei den Betroffenen führen können, z. B. Geschlecht und Gender, sozio-kulturelles und sozio-ökonomisches Milieu (›Klasse‹), Sexualität, Ethnie (›Rasse‹), Behinderung oder Alter.

4.1 Inklusion im Übergang in die berufliche Bildung

Kraft tritt. Artikel 24 bezieht sich auf das Recht auf Bildung und umfasst dabei auch den Zugang zu weiterführender allgemeiner Bildung (nach der Pflichtschule) sowie »zu allgemeiner tertiärer Bildung, Berufsausbildung, Erwachsenenbildung und lebenslangem Lernen« (BMSGPK, 2016, S. 21). In Artikel 27 ist das Recht auf Arbeit und Beschäftigung festgehalten. Basierend auf dem Recht auf Gleichberechtigung, Chancengleichheit, Selbstbestimmung und Diskriminierungsfreiheit im Kontext von Arbeit fallen darunter etwa die Schaffung eines »offenen, inklusiven und für Menschen mit Behinderung zugänglichen Arbeitsmarkt« (ebd., S. 22f.) sowie die selbstbestimmte Wahl von Arbeit und Beschäftigungsumfeld (ebd.). Der Nationale Aktionsplan Behinderung (NAP) ist als Instrument zur Umsetzung der UN-BRK von 2012 bis 2020 bzw. erneut von 2021 bis 2030 in Kraft.

Inklusion im Kontext des Übergangs von der schulischen in die berufliche Bildung kann gefasst werden als »Übergang von einem *integrativen* Pflichtschulsetting in die Ausbildung und Beschäftigung am *allgemeinen* Arbeitsmarkt« (Biewer & Fasching, 2014, S. 130). Gerade für Schüler*innen mit Sonderpädagogischem Förderbedarf ist dieses Verständnis bedeutsam, da sie selbst bei Integration und Inklusion im Schulsystem durch den Wegfall von schulischen Unterstützungsleistungen und Helfer*innen oftmals in segregierende Maßnahmen einmünden und der Anschluss an den allgemeinen Arbeitsmarkt verloren geht (Koenig, Fasching, Kroeg & Biewer, 2010). Es reicht demnach nicht aus, wenn die Inklusionsdebatte im Kontext Schule oder Arbeit diskutiert wird. Die Frage der Inklusion stellt sich ebenso innerhalb der beruflichen Bildung im Kontext des Übergangs Schule-Ausbildung-Beruf und für hier angesiedelte Unterstützungsmaßnahmen (Fasching et al., 2020, S. 315).

Zudem betont Makarova (2017, S. 46), dass Inklusion im Kontext beruflicher Bildung und Übergänge, nicht nur an der Schwelle zu einem Arbeits- oder Ausbildungsplatz relevant ist, sondern auch darüber hinaus. Sie vermerkt, »dass ein Zugang zum Ausbildungsplatz noch kein Garant für Inklusion ist, da Inklusion nicht nur ein Struktur-, sondern auch ein Prozessmerkmal darstellt.« Daraus folgt, dass Inklusion im Übergang nicht als ein einmaliges, in sich abgeschlossenes Verfahren zu verstehen ist, sondern als Leitprinzip, das auch nicht in einen funktionalen Ablaufplan umgewandelt werden kann. Inklusive Übergänge zeichnen sich durch Begleitung über alle Phasen des Übergangs hinweg aus, von der Planung im Vorfeld über die ›Umsetzung‹ des Übergangs bis hin zu einer anschließenden Begleitung und Reflexion und zielen damit besonders auf die Nachhaltigkeit von Übergängen.

4.2 Berufliche Partizipation

Unter Partizipation kann die »Teilhabe am gesellschaftlichen Leben« (Theunissen, 2009, S. 46) im Allgemeinen sowie das »Einbezogensein in einer Lebenssituation« (WHO, 2005, S. 16) in verschiedenen Bereichen im Besonderen verstanden werden. Durch das Konzept der Teilhabe wird auch ein alternatives Verständnis von Behinderung offengelegt. Unter Behinderung wird folglich nicht eine medizinische »Schädigung«, sondern die »Beeinträchtigung von Partizipation [Teilhabe]« (ebd., S. 17), genauer: die »Beeinträchtigung der Funktionsfähigkeit in bestimmten Domänen« (ebd., S. 21) verstanden. Unter diese Domänen fällt auch der Lebensbereich der beruflichen Bildung und Arbeit (ebd., S. 20).

Der Begriff der Teilhabe steht in enger Relation zum Begriff der Inklusion und kann als Ziel und Leitmotiv pädagogischen Handelns (in Übergängen) begriffen werden. Inklusion und Teilhabe bilden dabei sowohl Unter- als auch Überbau professioneller Unterstützungsleistungen, institutioneller Reglements, politischer Vorgaben und kulturell-gesellschaftlicher Tradierungen.

In Bezug auf Differenzkategorien befördert der Begriff Partizipation ein Umdenken, indem er dazu verhilft, Merkmale wie Behinderung und Migration als relationale Kategorien, durch die mehr oder weniger Partizipation ermöglicht wird, zu deuten. Der

Fokus geht damit von individuellen Defizitzuschreibungen über zu institutionellen Logiken und gesellschaftlichen Strukturen, die volle Teilhabe einschränken oder behindern. In diesem Sinne kann etwa Behinderung verstanden werden als »offener, dynamischer Begriff, der nicht als Eigenschaft an Personen feststellbar ist, sondern sich auf Teilhabe einschränkende Wechselwirkungen zwischen personalen und Umweltfaktoren bezieht« (Wansing et al., 2016, S. 73).

Behinderung und Teilhabe stehen demnach in einer Wechselwirkung. Behinderung ist nur in Bezug auf gesellschaftliche Teilhabe zu verstehen (Schmidt & Dworschak, 2011). Die Trennung in Lebensbereiche ist jedoch als heuristisches Konzept anzusehen, da eine Einschränkung der Teilhabe in einem Bereich stets auch auf die übrigen Lebensbereiche Einfluss nimmt. Demnach wirkt sich die Beeinträchtigung von beruflicher Partizipation auch auf Bereiche des sozialen Lebens, Selbstversorgung etc. aus. Ziel von Partizipation ist es, gleichberechtigte Partizipationsmöglichkeiten und damit eine Gleichstellung von Menschen (mit und ohne Behinderung oder anderen Differenzmerkmalen) in allen Domänen zu gewährleisten. Dabei ist Gleichstellung nicht mit Gleichbehandlung gleichzusetzen, da unter Gleichstellung etwa auch die Einräumung besonderer Rechte (wie verlängerte Lehre) fällt, durch die eine normale Funktionsfähigkeit überhaupt erst ermöglicht wird (Biewer, 2017, S. 141).

In ähnlicher Weise plädieren andere Autor*innen für eine Abgrenzung des Begriffes der Teilhabe von bloßer Teilnahme (Niediek, 2008; Theunissen, 2009). Partizipation geht damit über bloße Teilnahme (im Sinne von ›anwesend sein‹ oder ›dabei sein‹) an gesellschaftlichen Bereichen hinaus und verweist auf die Schaffung von Strukturen zur aktiven Teilhabe eines Menschen. Dies meint auch in einem politischen Sinne nicht nur in einer Situation konkrete Teilhabe zu schaffen, sondern das umfassende Recht auf Partizipation zu etablieren.

4 Leitbegriffe und -prinzipien der Inklusiven Pädagogik in Übergängen

»Partizipation steht nämlich nicht nur für eine aktive Beteiligung in einem sozialen System oder als Teil oder Mitglied einer Gemeinschaft oder Gesellschaft, sondern gleichfalls [...] für das Recht auf Mitsprache, konkrete Mitgestaltungsmöglichkeiten sowie Mitbestimmung.« (Schwalb & Theunissen, 2012, S. 9)

Folgende Aspekte scheinen hinsichtlich der Verwirklichung speziell von beruflicher Partizipation bedeutsam:

* Situierung des Arbeitsplatzes am ersten, zweiten oder dritten Arbeitsmarkt,
* Qualität und subjektive Bedeutung des Arbeitsplatzes.

In Bezug auf berufliche Teilhabe stellt sich zunächst die Frage, in welchem Ausmaß diese als verwirklicht gilt. Biewer (2017) und Bieker (2005) folgend ist berufliche Partizipation primär durch das Verfügen eines Arbeitsplatzes gekennzeichnet. In Anlehnung an diese führt Busse (2009, S. 39) aus:

»Einerseits stellt Partizipation am Arbeitsleben das rein faktische Innehaben eines beliebigen Arbeitsplatzes dar. In diesem Sinne ist auch für Menschen mit Behinderungen, die in einer Werkstatt für behinderte Menschen [am zweiten Arbeitsmarkt, Anm. d. Verf.] arbeiten, Teilhabe am Arbeitsleben verwirklicht.«

In einem engeren Verständnis versteht Theunissen (2009) berufliche Partizipation als erfüllt, sofern eine Person einen Beruf am ersten/allgemeinen Arbeitsmarkt ausübt. Inwiefern auch die Teilnahme an Integrationsmaßnahmen dazu zählt, bleibt hier fraglich.

Eine Alternative zur Beantwortung der Frage, woran berufliche Partizipation festgemacht werden kann, stellt neben der Situierung des Arbeitsplatzes die (erlebte) Qualität desselben dar. Demnach wird berufliche Teilhabe nicht am objektiven Besitzen eines Arbeitsplatzes, sondern vor allem an der subjektiven Bedeutsamkeit einer arbeits- oder berufsbezogenen Tätigkeit gemessen.

Je nachdem, wie also berufliche Partizipation gefasst wird, werden andere Vorannahmen wirksam. Geht man vorrangig davon

4.2 Berufliche Partizipation

aus, Inklusion von Menschen mit Behinderung in Arbeit und Beruf gehe mit dem Verfügen über einen Arbeitsplatz einher, dann fußt dies auf der Vorannahme, dass Arbeit dieselben Funktionen für Menschen mit und ohne Behinderung erfüllt (Klicpera & Innerhofer, 1992). Es ist jedoch fraglich, ob das alleinige theoretische Recht oder das Verfügen über einen Arbeitsplatz bereits berufliche Partizipation gewährleistet.

Damit rückt in der Frage nach der beruflichen Partizipation das subjektive Erleben in den Mittelpunkt. Das bedeutet, dass allein der*die Arbeitnehmer*in abwägen und entscheiden kann, wann die eigene berufliche Partizipation als angemessen erscheint. Je nach Blickwinkel variieren auch Empfehlungen, um Menschen mit Behinderung berufliche Partizipation zu ermöglichen. Eine Möglichkeit stellt die Stärkung beruflicher Integrationsmaßnahmen sowie alternativer Erwerbsmöglichkeiten dar, die den Um- oder Einstieg von Menschen mit Behinderung in den allgemeinen Arbeitsmarkt anbahnen sollen. Auch wenn Werkstätten und andere Maßnahmen der Tagesbeschäftigung gesellschaftlicher Partizipation, Inklusion und Empowerment eher entgegensteuern, können diese als alternative Modelle zum ersten Arbeitsmarkt notwendig und unter steter Selbstreflexion auch vertretbar erscheinen (Theunissen, 2009). Einen anderen Schwerpunkt setzen Lindmeier und Hirsch (2006), indem sie die Wichtigkeit beruflicher Bildung bereits in der Schule für einen gelingenden Übergang von der Schule in den Beruf betonen. Eine fundierte schulische berufliche Bildung bietet den Grundstein für berufliche Partizipation und ist für die Ermöglichung und Anbahnung lebenslangen Lernens zentral (ebd.).

Makarova (2017, S. 45) sieht hingegen die volle Teilhabe von Jugendlichen an der Berufsausbildung erst als erreicht an, wenn »Ausbildungsgelegenheiten garantiert werden, Zugang allen Ausbildungsinteressierten ermöglicht wird, Ausbildungsformen und -angebote an die individuellen Voraussetzungen der Jugendlichen angepasst werden, Qualifikationen von Fachkräften gesichert werden und die Verfügbarkeit von Ressourcen garantiert wird.«

4.3 Intersektionalität in Übergangsprozessen

Der Begriff *intersectionality* wurde erstmals vor dem Hintergrund der amerikanischen Frauenbewegungen in den 1970 und 1980ern durch die Juristin Crenshaw eingeführt, um die Verwobenheit sozialer Differenzkategorien bei Diskriminierungen zu verdeutlichen. Wenngleich ihr Status als Theorie strittig scheint, kann Intersektionalität jedenfalls als eine Analyseperspektive gelten, die auf die Herausarbeitung von Diskriminierungs-, Benachteiligungs- und Ungleichheitsstrukturen abzielt und Herrschafts- und Machtverhältnisse offenlegt (Walgenbach, 2017, S. 54ff.).

Crenshaw verdeutlicht den Begriff am metaphorischen Beispiel einer Straßenkreuzung, auf der ein Unfall durch Fahrzeuge aus mehreren, unterschiedlichen Richtungen verursacht wird. Gleichsam beziehe sich auch Diskriminierung auf mehrere soziale Kategorien, wie Geschlecht und Hautfarbe, die auf eine spezielle Weise zusammenwirken, wobei oft nicht klar sei, welche Diskriminierungsform dominant ist. Katharina Walgenbach (2017, S. 64) erhebt diesbezüglich Kritik an Crenshaw, da »die Metapher einer Straßenkreuzung suggeriert, dass die Kategorien Gender und Race vor (und auch nach) dem Zusammentreffen an der Kreuzung voneinander getrennt existieren.«

Eine intersektionale Perspektive analysiert demnach »unterschiedliche Aspekte von Differenzen in ihrem komplexen und vielgestaltigen Zusammenspiel und hinsichtlich der Gleichzeitigkeit ihrer Wirkungen« (Dederich, 2014, S. 48). Diese Differenzen lassen sich jeweils innerhalb von Kategorien (sections) beschreiben. Diese Kategorien sind nicht voneinander isoliert, sondern stehen in einem Wechselverhältnis zueinander, indem sie sich »wechselseitig verstärken, abschwächen oder auch verändern« können (Winker & Degele, 2009, S. 10; in Dederich, 2014, S. 48). Walgenbach (2017, S. 65) plädiert darüber hinaus dafür, anstatt von einer Überkreuzung oder Verschränkung von einzelnen Kategorien zu sprechen, die Kategorien selbst als interdependente Kategorien zu fassen:

4.3 Intersektionalität in Übergangsprozessen

»Das heißt, soziale Kategorien werden als in sich heterogen strukturiert konzeptualisiert [...]. Für pädagogische Konzepte bedeutet dies, dass soziale Kategorien wie Geschlecht, Behinderung, soziales Milieu, Ethnizität, Nation oder ›Rasse‹ in sich bereits heterogen strukturiert sind.«

Demnach könne nicht davon ausgegangen werden, dass es eine universelle Kategorie von *Behinderung, Migration, Geschlecht* etc. gäbe. Durch eine solche Essentialisierung von Differenzkategorien würden strukturelle gesellschaftliche und institutionelle Benachteiligungs- und Exklusionsmechanismen verschleiert werden (Wansing et al. 2016, S. 72). In Bezug auf Behinderung stellt Dederich (2014, S. 47f.) fest:

»Die aktuelle Theoriebildung nimmt vielmehr an, dass der Sachverhalt, der als ›Behinderung‹ bezeichnet wird, emergent aus einem mehrheitlichen Geflecht von individuellen körperlichen oder kognitiven Voraussetzungen und daraus resultierenden Beeinträchtigungen sowie sozialen und gesellschaftlichen Kontextfaktoren hervorgeht.«

Ein Kernstück des Intersektionalitätsdiskurses ist die Kritik an der Addition von sozialen Kategorien und Machtverhältnissen. Letztere zeige sich in Ausdrücken wie ›Doppeldiskriminierung‹, ›doppelte Benachteiligung‹ oder ›Dreifache Vergesellschaftung‹: »Man wird allerdings nicht als Türkin plus als Mädchen diskriminiert, sondern als türkisches Mädchen. [...] Durch additive Modelle [...] kann das Spezifische einer Unterdrückungskonstellation nicht herausgestellt werden« (Walgenbach, 2017, S. 64). Neben einer Aneinanderreihung sozialer (Benachteiligungs-)Kategorien würde hier zudem impliziert, dass es eine gleichsam verbindliche Anzahl an Kategorien gäbe und diese stabil und ahistorisch bestünden (ebd.).

Einen weiteren Punkt, dem das Konzept der Intersektionalität entgegenwirkt, bildet das »single-issue-framework« (ebd., S. 63). Diesem zufolge würde Diskriminierung stets auf eine einzelne Kategorie, wie etwa Behinderung, abzielen. Walgenbach (ebd., S. 62) verdeutlicht dies mit Bezug auf einen juristischen Fall Crenshaws: »Nach Crenshaw waren Schwarze Frauen ... nur soweit vom Recht geschützt, wie ihre Erfahrungen sich entweder mit weißen Frauen oder Schwarzen Männern deckten,« Damit wird verschleiert, dass auch innerhalb von vermeintlich homogenen Gruppen (z. B. Frauen) Ungleichheiten bestehen, die einen Teil privilegieren (z. B. Frauen ohne Behinderung), während sie einen (meist eher kleineren) Teil inferiorisieren (z. B. Frauen mit Behinderung). Aus dieser Situation, dass sowohl Gleichheit als auch Differenz diskriminierend sind, entsteht das Gleichheits-Differenz-Paradox: »Entweder man kritisiert, dass Schwarze Frauen gleich seien, aber dadurch zu Schaden kommen, dass sie different behandelt würden oder man problematisiert, dass Schwarze Frauen different seien, aber dadurch beschädigt werden, dass sie gleich behandelt würden« (ebd., S. 63). Die Paradoxie sei jedoch nur gegeben, wenn man von einem single-issue-framework ausgehe.

Wenngleich Konsens über einen nicht-additiven und nicht-eindimensionalen Zugang herrscht, so nicht über die (Grenze der) Anzahl an sozialen Kategorien. Innerhalb des Intersektionalitätsdiskurses trifft man dabei drei Zugänge an: einen antikategorialen, der jede Form der Kategorisierung aufgrund der unhintergehbaren Hierarchisierung dieser Strukturmerkmale ablehnt; einen intrakategorialen, bei dem der Fokus auf Differenzen und Heterogenität innerhalb einer Kategorie liegt; sowie einen interkategorialen, der Verhältnisse und Verwobenheiten über mehrere Differenzkategorien hinweg untersucht (McCall, 2005; Walgenbach, 2017, S. 72). Häufig angeführt wird hier das Schema bipolarer hierarchischer Differenzlinien von Lutz und Wenning (2001) bzw. Leiprecht und Lutz (2005). Darin werden 13 Kategorien (bzw. 15; Leiprecht und Lutz fügen 2005 weiters die Kategorien ›Religion‹ und ›Sprache‹ hinzu) und die dazugehörigen Grunddualismen benannt, wobei es sich nicht um gleichwertige Pole handelt, sondern ein Pol dem anderen in modernen Gesellschaften untergeordnet ist (z. B. Kategorie ›Geschlecht‹: Grunddualismus ›männlich‹-›weiblich‹; Kategorie Ethnizität: Grunddualismus ›dominante Gruppe‹ – ›ethnische Minderheit‹). Auch gesellschaftstheoretische Ansätze in der Intersektionalitätsforschung weisen auf eine begrenzte Zahl gesellschaftlicher Kategorien hin. Es seien demnach nur bestimmte

4.3 Intersektionalität in Übergangsprozessen

Strukturkategorien, die auf gesellschaftlicher Ebene soziale Ungleichheit erzeugen. Auf der Ebene des Subjekts jedoch könne keine begrenzte Anzahl für Kategorien festgelegt werden, die zu individueller Benachteiligung führen (Walgenbach, 2017, S. 75). In Bezug auf Behinderung konstatiert Dederich (2014, S. 50f.) eine Zuordnungsproblematik, da »Behinderung eine Kategorie ist, die quer zu den üblichen Differenzlinien liegt, denn sie kann sowohl den körperorientierten (z. B. Geschlecht, Gesundheit) als auch den (sozial-)räumlichen (z. B. Klasse, Kultur) sowie den ökonomisch orientierten (z. B. Armut) Differenzlinien zugeordnet werden«.

Intersektionale Analysen blicken auf Differenzen, die durch und innerhalb von sozialen und gesellschaftlichen Macht-, Herrschafts-, Normierungsverhältnissen bzw. Subjektivierungsprozessen entstehen und dann selbst bestimmte soziale Strukturen, Repräsentationen, Praktiken und Identitäten (re-)produzieren. Differenz und soziale Ungleichheit basieren auf spezifischen Machtverhältnissen und stellen »Legitimationsdiskurse für Ausbeutung, Marginalisierung und Benachteiligung« dar (Walgenbach, 2017, S. 66). Neben der Analyse solcher Strukturen verfolgt Intersektionalität das Ziel, »einen aktiven Beitrag zur Überwindung von Unterdrückung und Benachteiligung und zur Wertschätzung von Differenzen« (Dederich, 2014, S. 51) zu leisten. Hier zeigt sich eine Übereinstimmung mit anderen sonderpädagogischen bzw. inklusionspädagogischen Leitbegriffen.

Das ambivalente Verhältnis zu Kategorisierungen teilt die Intersektionalität auch mit dem Inklusionsdiskurs (Dederich, 2014; vgl. auch Budde, Blasse & Rißler, 2020). Während dieser jedoch in seiner schärfsten Form, die Dederich (2014, S. 51) als »antikategoriale Inklusionspädagogik« bezeichnet, jegliche Kategorisierung ablehnt, sieht Dederich im Intersektionalitätskonzept das Potential, »gleichzeitig kategorial und kategoriekritisch« (ebd., S. 52) zu verfahren. Durch eine solche intersektionale Perspektive wäre es besser möglich, »individuell passgenaue Unterstützungsangebote zu entwickeln und entsprechende Ressourcen bereitzustellen« (ebd., S. 53).

Allerdings ist selbst bei dynamischen, relationalen Kategorien zu bedenken, dass diese nicht über die gesamte Lebensspanne und alle

Lebensbereiche gleich definiert und verstanden werden können (Schildmann & Schramme, 2020). Die Verwobenheit der Differenzmerkmale wie z. B. Behinderung, Gender und Migration kann sich im Kontext des Übergangs von der Schule in den Beruf anders darstellen (meint: andere Problematiken hervorbringen) als etwa in Bezug auf die Veränderung der Wohnsituation im höheren Alter. Daraus kann abgeleitet werden, dass sich eine intersektionale Betrachtungsweise »weniger auf Chancen und Risiken vorab kategorisierter Personengruppen richten [sollte], sondern auf die Frage, inwiefern und auf welche Weise Personen in einzelnen Gesellschaftskontexten unterschieden werden, wie diese Unterscheidungen kategorisiert werden und welche Relevanz und Wirkungen sie im Hinblick auf ungleiche Zugangs- und Erfolgschancen entfalten« (Wansing et al., 2016, S. 75).

Hinsichtlich des Übergangs von der Schule in den Beruf meint dies, »dass (berufs-)biographische Verläufe durch multikategoriale Zusammenhänge beeinflusst und nicht über die isolierte Betrachtung einzelner Zugehörigkeiten erklärbar sind« (Demmer, 2017, S. 96). Unterschiedliche Differenzkategorien und ihre wechselseitigen Bezüge können demnach im Kontext des Übergangs von der Schule in Ausbildung und Beruf eine spezifische Dynamik in Bezug auf soziale Ungleichheit entwickeln.

4.4 Empowerment

Der Begriff Empowerment entstammt der amerikanischen Bürgerrechtsbewegung, in deren Zentrum der Anspruch auf Selbstbestimmung von inferiorisierten Bevölkerungsgruppen und Personen steht, und nimmt in den 1990er Jahren Einzug in den deutschsprachigen Raum, wo er für die Arbeit mit Menschen mit Behinderung fruchtbar gemacht wird (Theunissen, 2009; Loeken & Windisch, 2013, S. 26f.). Markant ist dabei, dass die Forderungen nicht stell-

4.4 Empowerment

vertretend für, sondern ausgehend von den betroffenen Personen eingebracht wurden. Im deutschsprachigen Raum wird der Begriff des Empowerments auch mit Selbstbemächtigung, Selbstermächtigung oder Selbstbefähigung umschrieben. Empowerment kann in vielfältigen Konstellationen zutage treten, grundlegend ist stets die Stärken- und Potentialorientierung. Das meint, dass bereits vorhandene Fähigkeiten zur Basis für weitere Handlungen werden. Diese Stärken sollen in nachhaltiger Form von den Personen selbst genutzt werden können, um verschiedene Formen kollektiver und autonomer Selbsthilfe zu entwickeln und den Auf- oder Ausbau sozialer Netzwerke zu gestalten. Empowerment zielt darauf ab, die einem Menschen innewohnenden Potentiale für ihn selbst zugänglich zu machen, zu stärken und nutzbar zu machen, sodass die Person selbst ihre Fähigkeiten zu Selbstbestimmung und Selbstvertretung (wieder)erlangt sowie Kompetenzen entwickelt, die eine autarke Steuerung der Lebensumstände und -ziele ermöglichen (Theunissen, 2009, S. 27ff.). Loeken und Windisch (2013, S. 27) verweisen darauf, dass Empowerment zwar in einen »normativen Rahmen« eingebettet sei, »sich aber nicht unmittelbar in pädagogische Programme übersetzen lässt.« Empowerment entspricht eher einer professionellen Haltung und kann nicht einfach gelernt oder funktional angewandt werden.

Empowerment kann somit unter zwei Gesichtspunkten betrachtet werden:

- Empowerment als individueller und kollektiver Prozess der Selbstermächtigung, in dem sich Individuen oder Gruppen Fähigkeiten, Freiheiten, Rechte, Gestaltungs- und Handlungsspielräume aneignen;
- Empowerment als zentraler Aspekt professionellen Handelns.

Empowerment kann demnach sowohl als individuelle und kollektive Strategie als auch als Strategie im Kontext professionellen (pädagogischen) Arbeitens gefasst werden.

Für pädagogisches Handeln im Allgemeinen sowie im Besonderen am Übergang von der Schule in (Aus-)Bildung und Beschäftigung ist vor allem dieses zweite, transitive Verständnis bedeutsam. Empowerment kann damit als ein »help [people, Anm. d. Verf.] to enable to empower themselves« (ebd., S. 29), also ›Hilfe, um zur Selbstbestimmung zu befähigen‹, verstanden werden. Damit wird Empowerment zum Leitprinzip einer professionellen Haltung, wonach die Adressat*innen (pädagogisch) professioneller Unterstützungsleistungen als Expert*innen für ihre Lebenssituation und -umstände angesehen werden und auch aus dieser Position heraus selbstbestimmte Handlungen setzen und Entscheidungen treffen. Professionellen Fachkräften kommt die Aufgabe zu, Menschen (mit Behinderung) dabei zu helfen, sich selbst zu befähigen, um dieses Selbstbefähigungspotential sodann konkret nutzbar zu machen (ebd.). Im konkreten Setting zeichnet sich der Ansatz durch die Ausrichtung auf ein gleichberechtigtes Arbeitsbündnis zwischen professioneller Fachkraft und dem*der Bezieher*in einer Unterstützungsleistung aus, ohne jedoch die grundsätzliche Asymmetrie dieses Verhältnisses zu verneinen (Loeken & Windisch, 2013, S. 27f.).

Als Leitprinzip hat Empowerment Eingang gefunden in die Arbeit zahlreicher Begleit- und Unterstützungsmaßnahmen sowie in alternative Modelle, die jungen Menschen den Zugang und die Teilhabe am allgemeinen Arbeitsmarkt ermöglichen sollen, etwa das Konzept des Supported Employment (Unterstützte Beschäftigung). Das Empowerment-Prinzip wird besonders dort verkörpert, wo Unterstützung nicht (nur) durch professionelle Fachkräfte angeboten wird, sondern durch andere Betroffene, etwa in Form kollektiver Zusammenschlüsse (etwa im Kontext von Peer Support und Peer Counseling). Im Hinblick auf den nachschulischen Übergang erscheinen empowernde Strukturen bereits in der Vorbereitung auf den Übergang während der Schulzeit als notwendig.

Dabei ist allerdings zu beachten, dass »Empowerment [...] nicht direkt von professionellen Helfern hergestellt, vermittelt oder gemäß einer geforderten Norm verordnet oder gar aufoktroyiert werden [kann]« (Theunissen, 2009, S. 29). Empowerment kann demzufolge nicht gelehrt oder gewusst, sondern nur situativ verkörpert und durch Rücksichtnahme und Selbstrücknahme durch die professionelle Fachkraft angeboten werden. Allerdings kann eine Orientierung am Empowerment Gedanken nicht die Legitimation für Rückgang oder Verwehrung notwendiger professioneller Hilfeleistungen darstellen.

Zudem ist darauf zu achten, Empowerment nicht misszudeuten und zum Nachteil der betreffenden Personen auszulegen. Gerade auf politischer und gesellschaftlicher Ebene

> »spielt [Empowerment] auch als Aktivierungsstrategie im Rahmen neuer Sozialstaatskonzepte, die die Eigenverantwortung stärken und öffentliche Aufgaben zurückfahren wollen, eine zentrale Rolle [...]. Der politische Gehalt des Ursprungskonzepts geht bei diesen Konzeptualisierungen weitgehend verloren. Stattdessen besteht wie im Umgang mit dem Selbstbestimmungsparadigma das Risiko der einseitigen Betonung der Selbstverantwortlichkeit.« (Loeken & Windisch, 2013, S. 28)

Pädagogische Fachkräfte sind diesbezüglich zur steten Reflexion angehalten, um eine Balance zu finden in Bezug auf das Eingreifen in die Lebenswelt anderer und dem Alleinlassen hilfsbedürftiger Personen unter Berufung auf deren selbst zu verantwortende Eigenständigkeit und Unabhängigkeit.

4.5 Selbstbestimmung und Selbstvertretung in Übergängen

Selbstbestimmung und in weiterer Folge Selbstvertretung sind zentrale Leitgedanken inklusiver Unterstützungs- und Assistenzangebote. Selbstbestimmung ist nicht mit Autonomie gleichzusetzen, welche vor allem die Unabhängigkeit von anderen Menschen impliziert, sondern als »relative[r] Begriff in Abhängigkeit vom sozialen Bezugssystem zu betrachten« (Schuppener, 2016, S. 108). Diese Auslegung berücksichtigt die individuelle soziale Eingebundenheit, die für persönliche Entscheidungen immer auch mitbestimmend ist.

Das Prinzip der Selbstbestimmung (self-agency) nimmt seinen Ausgang in politischen Bewegungen von Menschen mit Behinderung in den 1960er Jahren in unterschiedlichen Ländern (in den USA: Independent Living Bewegung, in Deutschland spricht man damals von der sogenannten ›Krüppelbewegung‹). Ziel dieser Initiativen war die Einlösung der Möglichkeit zu einer selbstbestimmten Lebensführung für Menschen mit Behinderung und eine klare Verabschiedung der bislang leitenden deterministischen Sichtweise, welche Menschen mit Behinderung Bestimmungskompetenz für ihren persönlichen Hilfebedarf absprach:

> »Selbstbestimmung wird von den Vertreterinnen und Vertretern der Behindertenselbsthilfe im Kontrast zu Fremdbestimmung und Paternalismus des traditionellen, medizinisch-defizitorientierten Rehabilitationswesens verstanden. Stattdessen wird die Expertenschaft in eigener Sache reklamiert. Zu den zentralen Forderungen auf der individuellen Ebene gehört in der Folge die Forderung nach der größtmöglichen Kontrolle über das eigene Leben, die sich in Wahl- und Entscheidungsautonomie konkretisiert.« (Loeken & Windisch, 2013, S. 23)

Ziel war demnach, die soziale Abhängigkeit auf ein Minimum zu reduzieren. Gefordert wird vor allem Selbstbestimmung in Bereichen des alltäglichen Lebens und in alltäglichen Entscheidungsprozessen sowie in Bezug auf persönliche Unterstützungs- und Assistenzbedarfe. Im Kontext des Übergangs von Schule in Ausbildung und Erwerbstätigkeit bezieht sich Selbstbestimmung sowohl auf den Bezug von Begleitung und Unterstützung im Übergang als auch während der Ausbildung.

Selbstvertretung (self-advocacy) bezieht sich hingegen auf die Selbstanwaltschaft von Menschen mit Behinderung in rechtlichen Fragen. Der Selbstvertretungsansatz geht auf internationale People First Bewegungen zurück (im deutschsprachigen Raum wurden diese Bewegungen unter dem Namen ›Mensch zuerst‹ geführt).

4.5 Selbstbestimmung und Selbstvertretung in Übergängen

Diese treten vor allem für die Selbstbestimmung von Menschen mit Lernschwierigkeiten und intellektueller Beeinträchtigung auf rechtlicher Ebene und deren gleichberechtigten Status als Bürger ein (Loeken & Windisch, 2013, S. 24).

> »Gefordert wird [...] der Verzicht auf Bevormundung, das Unterstellen jeglicher Aktivität unter das Primat der Förderung sowie der Verzicht auf Infantilisierung der Betroffenen und damit verbundene Erziehungsansprüche [von Seiten der Fachkräfte, Anm. d. Verf.]« (Loeken & Windisch, 2013, S. 25).

Es geht hier also um die Selbstbestimmung und Vertretung der eigenen Meinung und Interessen in rechtlichen Entscheidungen. Selbstvertretung zielt auf die Abkehr von einem »traditionell defizitorientierten Bild der Betroffenen und der häufig anzutreffenden beschützenden bis bevormundenden Haltung Professioneller« (Loeken & Windisch, 2013, S. 24). Dieser Neudefinition des zugrundeliegenden Menschenbildes folgt eine Umorientierung im Selbst- und Rollenverständnis professioneller Facharbeiter sowie eine Neuausrichtung professionellen Handelns: »Eine ressourcenorientierte ›Stärken-Perspektive‹, die auf Akzeptanz der Betroffenen als Experten für ihre Lage setzt, soll die Orientierung an Defiziten ablösen« (ebd.). In Bezug auf die Einmündung in Ausbildung oder Erwerbstätigkeit ist dies vor allem in Fragen zu Ausbildungs- oder Arbeitsvertrag relevant.

Es ist allerdings einzuräumen, dass auch bei der sozialen Ermöglichung von Selbstbestimmung und Selbstvertretung das Individuum nie gänzlich autonom entscheidet, sondern von anderen Einflüssen bestimmt ist wie »durch kulturelle Prägungen und nicht wegzuwünschende gesellschaftliche Realitäten, durch entwicklungs- oder gesundheitsbedingte Abhängigkeitsverhältnisse, durch nicht gewählte Widerfahrnisse auf dem eigenen Lebensweg oder durch unbewusste Strebungen oder Affekte« (Dederich, 2013, S. 195).

In diesem Sinne muss eher danach gefragt werden, »wie Selbstbestimmung unter Bedingungen verschiedener Formen des Bestimmtwerdens gelingen kann« (Dederich, 2013, S. 196).

Beide Leitprinzipien sind gerade auch dort kritisch zu untersuchen, wo Selbstbestimmung und Selbstvertretung im Kontext eines neoliberalen Menschenbildes zu einer selbstverantwortenden Verpflichtung umgedeutet werden (Lindmeier, 1999; Stinkes, 2000). Das Konzept des Wohlfahrtsstaates tritt in dieser Deutung in den Hintergrund und weicht dem Verständnis, dass das Individuum nicht die Möglichkeit, sondern gleichsam die Pflicht zu eigenen Entscheidungen hat und damit verbundene Risiken als individuelle Problemlagen verstanden werden.

Hinsichtlich der komplexen Entscheidungsprozesse im Übergang nach der Pflichtschule bedarf es Feinfühligkeit in Bezug darauf, wann und wie den jungen Erwachsenen möglichst viel Selbstbestimmung eingeräumt werden kann, ohne sie auf sich gestellt zurückzulassen und Selbstbestimmung als individuelle Verpflichtung »mit all den individuell zu tragenden Risiken« (Loeken & Windisch 2013, S. 26) umzudeuten und damit Unterstützungs- und Hilfeleistungen im Übergang zu versagen oder zu entziehen. Es gilt demnach, eigene Entscheidungen und Selbstvertretung zu ermöglichen und nicht einzufordern.

Weiterführende Literatur und Links

Artikel 27 der UN-BRK zu Inklusion in Arbeit und Beruf: https://www.behindertenrechtskonvention.info/arbeit-und-beschaeftigung-3921/
Genderindex: https://www.genderindex.org/

5

Pädagogische Handlungsfelder im Übergang und ihre Leitkonzepte

Worum es geht ...
Die konzeptionellen Anforderungen inklusiver Übergangsangebote können im Kern als pädagogische Unterstützung verstanden werden, die Hilfe zur Selbsthilfe leistet, die Selbstbestimmung der Adressat*innen unterstützt und ihre Partizipation im Übergangsprozess ermöglicht. An der Schnittstelle von Inklusiver Pädagogik, Sozialpädagogik und Sozialer Arbeit sind Unterstützungskonzepte sowohl an Leitgedanken Inklusiver Pädagogik orientiert als auch mit dem Anspruch als lebensnahe Hilfen an Grundprinzipien der Sozialpädagogik und Sozialen Arbeit wie Le-

bensweltorientierung, Alltagsnähe, Sozialraumorientierung und Gemeinwesenarbeit ausgerichtet.

5.1 Inklusive berufliche Diagnostik

Diagnostik befasst sich grundsätzlich mit »dem Erkennen und Verstehen von Problemen und Ressourcen, der Interventionsplanung und der Evaluation von Hilfemaßnahmen« (Goblirsch 2011, S. 188).
Diagnostik am Übertritt von der Schule in Ausbildung und Beruf befasst sich vor allem mit Fragen nach dem »Stand der beruflichen Bildung, [...] Eignung und [...] Chancen der Vermittelbarkeit« (Fischer, 2015, S. 445). Diagnostik basiert somit einerseits auf dem Einschätzen eines momentanen Entwicklungsstandes sowie andererseits auf dem Abwägen zukünftiger Chancen und Möglichkeiten. Wenngleich die Einschätzung über individuelle Stärken und Schwächen einen wichtigen Schritt in der Planung des Übergangs und der Abschätzung beruflicher Möglichkeiten darstellt, sind diagnostische Ansätze in differenzierter Weise zu beurteilen. Im Zuge des nachschulischen Übergangs kommt Diagnostik oftmals allein als berufliches Assessment zum Tragen, in dem anhand standardisierter Verfahren Eignung, Vermittelbarkeit und Passung attestiert werden.

5.1.1 Diagnose von Ausbildungsreife

Ein wesentliches Kriterium für die Beurteilung und Antizipation von Übergangspfaden von der Schule in den Beruf ist die Konstatierung von Ausbildungsreife. Während in der Schule vor allem durch das Etikett des Sonderpädagogischen Förderbedarfs (SPF) sowie durch die damit einhergehende Form der Beschulung (Fasching, 2012) Behinderung konstruiert wird (Pfahl, 2011), kommen im Übergang nach der Pflichtschule neue Differenzkonstruktionen zum Tragen: »Im Übergang zur beruflichen (Aus-)Bildung werden die Karten für die Absolventen und Absolventinnen mit sonderpädagogischem Förderbedarf neu gemischt« (Wansing et al., 2016, S. 79). An die Stelle des SPF treten neue Differenzmerkmale, im Besonderen jenes der Ausbildungsreife. Es kommt zu einer »Neu- oder Reetikettierung« (ebd., S. 81) von Jugendlichen mit Benachteiligung oder Behinderung. Diagnostik wird hier vor allem eingesetzt, um Ausbildungsreife zu attestieren.

Da hierbei im Besonderen der Übergang von der Schule in die Berufsausbildung betroffen ist, kann Ausbildungsreife auch als ein Leitbegriff im Kontext der beruflichen Bildung gefasst werden. In Wissenschaft wie Praxis kursieren eine Vielzahl unterschiedlicher Begriffe, die dieses Kriterium bezeichnen und oftmals synonym verwendet werden, auch wenn sie sich graduell voneinander unterscheiden. Dazu zählen etwa Ausbildungsfähigkeit, Berufsreife, Passung, Eignung oder Vermittelbarkeit. Immer öfter zu finden ist auch der englische Begriff der employability, der mit ›Berufsfähigkeit‹ übersetzt werden kann.

Schlemmer (2008, S. 21) begreift Ausbildungsfähigkeit als ein entscheidendes Kriterium für berufliche Inklusionsprozesse, das als »Indikator für gesellschaftliche Partizipationschancen und -risiken für das Individuum« wirke. Das Etikett ›nicht ausbildungsreif‹ birgt damit die Gefahr von (weiterer) Stigmatisierung und Diskriminierung, indem Jugendliche ›automatisch‹ nachschulischen Vorbereitungs- und Qualifizierungsmaßnahmen zugeordnet werden, die ihren Einstieg in den Beruf verzögern oder behindern und die Chance auf einen Arbeitsplatz am ersten Arbeitsmarkt verschlechtern, oder zum direkten Weg in die Tagesstruktur angehalten werden. Auch ist zu vermerken, dass etwa niedrig qualifizierte Jugendliche (z. B. mit vormaligem SPF) oder junge Menschen mit Migrationshintergrund oftmals pauschal als nicht ausbildungsreif adressiert werden

(Wansing et al., 2016, S. 81). Im Vergleich zu sozialrechtlichen Kategorien wie ›benachteiligt‹ oder ›behindert‹ ist mit der Zuschreibung von ungenügender Ausbildungsreife jedoch keine soziale Absicherung (in Form von monetären Förderungen, Zuschüssen oder einem sicheren Arbeitsplatz in der Werkstatt für behinderte Menschen) gewährleistet (ebd.). Vielmehr fungiert Ausbildungsunreife als »soziale[.] Sammelkategorie« mit »beliebigen Negativmerkmale[n]« (ebd., S. 82).

Da es sich um einen genuinen Begriff des Übergangs handelt sei jedoch unklar, ob Ausbildungsfähigkeit in den abgebenden Institutionen (Schule) oder den annehmenden Institutionen (z. B. Betrieb) erworben werden soll (Schlemmer, 2008, S. 22). Das Konstrukt Ausbildungsfähigkeit wird als »intersystemisch, interstrukturell angesiedelt zwischen dem Allgemeinen und Beruflichen Bildungssystem, zwischen Schule und Arbeitswelt« (ebd., S. 22) verstanden. Wo und auf welche Weise Ausbildungsfähigkeit von Schüler*innen überhaupt angeeignet werden soll, bleibt strittig.

Nichtsdestotrotz hat sich das Konstrukt der Ausbildungsreife zu einem zentralen und bedeutungsschweren Begriff im Übergang von der Schule in den Beruf etabliert. Zur Systematisierung der Begriffsvielfalt wurde durch den Expertenkreis ›Nationaler Pakt‹ der deutschen Bundesagentur für Arbeit ein dreistufiges Modell entwickelt, das versucht, einige der vorhandenen Begriffe aufzugreifen und in Relation zueinander zu stellen. Die drei Stufen unterscheiden sich hinsichtlich ihres Grades an Spezifität bezüglich eines bestimmten Berufes. *Ausbildungsreife* (Stufe 1) wird in diesem Modell auf der ersten Stufe angesiedelt und somit als basales, allgemeines Kriterium angesehen, das Jugendliche für den Einstieg in Beruf oder Berufsausbildung mitbringen müssen. Auf dieser Stufe steht also noch nicht die Einschätzung bezüglich eines konkreten Berufs im Vordergrund, sondern jene hinsichtlich der Eigenschaften, um weniger komplexe Berufe grundsätzlich zu bewältigen, wie etwa das Schaffen eines acht Stunden Arbeitstages oder psychische Belastbarkeit. Laut Jung (2008, S. 131) wird der Reifebegriff damit zur »zentrale[n] übergangsspezifische[n] Kategorie im Aus-

5.1 Inklusive berufliche Diagnostik

bildungsfindungsprozess.« Die *Berufseignung* (Stufe 2) umfasst bereits jene Voraussetzungen und Merkmale, die ein bestimmter Beruf, eine berufliche Tätigkeit oder ein Berufsfeld erfordert, wie etwa bestimmte Vorkenntnisse. Werden sowohl Ausbildungsreife als auch Berufseignung konstatiert, stellt sich zuletzt die Frage der *Vermittelbarkeit* zu einem bestimmten Arbeitsplatz oder -bereich (Stufe 3). Auf dieser Stufe werde festgestellt, wodurch und inwiefern die Vermittlung eines Ausbildungs- oder Arbeitsplatzes an den*die Jugendliche*n verhindert oder erschwert wird. Dabei seien sowohl Merkmale von Seiten des Betriebs, aber auch von Seiten der Jugendlichen zu berücksichtigen. (Bundesagentur für Arbeit, 2006)

In dem in diesem Zusammenhang erstellten ›Kriterienkatalog zur Ausbildungsreife‹ werden fünf Bereiche aufgelistet, die Mindeststandards (Merkmale) für die Feststellung von Ausbildungsreife enthalten. Die Bereiche gliedern sich in schulische Basiskenntnisse, psychologische Leistungsmerkmale, physische Merkmale, psychologische Merkmale des Arbeitsverhaltens und der Persönlichkeit sowie Berufswahlreife (ebd.). Während es sich bei der Ausbildungsreife klar um eine Minimalkriterium handelt, lässt das Papier offen, wie es sich bei Berufseignung und Vermittelbarkeit verhält. Fraglich bleibt, ob hier von einer Mindest-, Durchschnitts- oder besten Eignung und Vermittelbarkeit die Rede ist.

Aus inklusionspädagogischer Sicht können einige kritische Einwände hinsichtlich dieses Drei-Stufen-Modells und des Konstrukts der Ausbildungsreife im Allgemeinen formuliert werden. Das Konzept der Ausbildungsreife ist insofern problematisch, als es eine Normalitätsvorstellung suggeriert, nach der alle gleichaltrigen Jugendlichen zum selben Zeitpunkt einen bestimmten Entwicklungsstand aufweisen müssten. Abweichungen davon werden sodann als Defizit des*der Jugendlichen ausgelegt. Der Begriff der Reife unterstellt zudem, dass es sich um einen natürlichen, innerlichen Entwicklungsprozess handelt, wodurch nicht genügende Ausbildungsreife erneut in die Verantwortung des*der Jugendlichen gelegt und ihm*ihr allein überantwortet wird, ohne externe Einflussfaktoren zu berücksichtigen. Es wird deutlich, dass der Begriff ›Ausbildungsreife‹ – obgleich ein heuristisches, theoretisches Konstrukt – weitgehend als ›natürlicher Entwicklungszustand‹ angesehen wird und tatsächliche Auswirkungen auf das Leben der Jugendlichen hat. Eine binäre Kategorisierung in ausbildungsreif-nicht ausbildungsreif führt jedoch leicht zu einer defizitorientierten Abstempelungspraxis und lässt so etwaige andere Ressourcen, die die Jugendlichen bereits mitbringen, unberücksichtigt. Dies widerstrebt dem Anspruch schulischer und beruflicher Inklusion, Vielfalt und Heterogenität als Bereicherung zu würdigen und dementsprechend zu fördern.

Im Hinblick auf die berufliche Eignung oder Passung ist besondere Vorsicht geboten, wenn diese als Schlüssel-Schloss Metapher interpretiert wird. Damit wird angenommen, dass erstens nur jeweils ein Beruf(sfeld) zu einer Person ›passe‹ und zweitens diese Person alle notwendigen Voraussetzungen und Merkmale, die dieser Beruf erfordere, bereits mitbringe. Nur ungenügend wird hierbei beachtet, dass wesentliche Kompetenzen auch erst im Beruf selbst erworben werden. Dieser Gedanke findet sich auch in sogenannten Trait-and-Factor-Modellen. Diese folgen der Annahme, dass die Diagnose von Personenmerkmalen einerseits sowie Merkmalen und Anforderungen des Berufsbildes andererseits zu einem Matching oder einer Passung[6] führt. Dies erscheint als offensichtliche Vorgehensweise auf der Suche nach einem Beruf und Ausbildungsplatz, allerdings ist dabei unter anderem auch in Betracht zu ziehen, dass Interessen oder Fähigkeiten im Prozess begriffen sind und eine alleinige Statusdiagnose diesen prozesshaften Charakter leicht übersehen kann. Ein diesem Aspekt diametral gegenüberstehendes Konzept wird im Ansatz des Supported Employment (► Kap. 5.6) vertreten.

---

6 ›Matching‹ oder ›Passung‹ ist eine Form der beruflichen Diagnostik, in der Merkmale des Individuums sowie des Berufsprofils analysiert werden und aufgrund dessen theoretische Zuordnungen vorgenommen werden.

Schließlich wird auch Vermittelbarkeit als personenbezogenes Merkmal ausgelegt und allenfalls durch segregierende Strukturen des Arbeitsmarktes erschwert, nicht jedoch bedingt (Schlemmer, 2008, S. 16). Außer Acht gelassen wird, dass vonseiten des Arbeitsmarktes und arbeitsmarktpolitischer Fördermaßnahmen Jugendliche in Problemlagen oder mit bestimmten Differenzkriterien (z. B. andere Erstsprache, Flucht- oder Migrationshintergrund, Behinderung, sozio-ökonomische oder sozio-kulturelle Benachteiligung etc.) als schwerer vermittelbar angesehen werden, was den Blick auf ungleichheitsgenerierende und -fördernde Strukturen verdeckt.

5.1.2 Individuum-Umfeld-Diagnostik

Neuere Ansätze wenden sich von einer Statusdiagnostik ab und hin zu prozess- und förderdiagnostischen Verfahren. Zu letzteren ist auch die Kind-Umfeld-Diagnostik von Sander (1989) zu rechnen. Sie richtet den diagnostischen Fokus nicht mehr (allein) auf individuumsbezogene Stärken und Schwächen, sondern basierend auf dem ökosystemischen Ansatz nach Bronfenbrenner (1981) auf die Lebenswelt des*der Jugendlichen. Ökosystemisch meint dabei die Subbereiche des sozialen Lebensumfeldes eines Menschen. Das Verfahren fokussiert die Förderung von Kindern und Jugendlichen mit Behinderung im Rahmen der gemeinsamen Beschulung mit anderen Kindern. Mit dem Ziel der »Nichtaussonderung« (Lemke, 2007, S. 175) wendet sich die Kind-Umfeld-Diagnose damit gegen die vormalige Verfahrensweise einer Platzierungsdiagnostik, die Kinder mit besonderen Bedürfnissen in segregierende Formen der Beschulung verweist. Dieser Ansatz scheint ebenso für den Bereich der beruflichen Bildung fruchtbar zu sein. Dabei werden besonders Umweltfaktoren als günstig oder ungünstig eingestuft. Der Vorteil einer umfeldbezogenen Analyse im Vergleich zu einem diagnostischen Befund über individuelle Merkmale kann in der Veränderbarkeit der Gegebenheiten gesehen werden. Während die individuellen und persönlichen Voraussetzungen von Kindern und

Jugendlichen kaum oder nur langsam verändert werden können, ist die Veränderung von Kontextfaktoren (z. B. des Arbeitsumfeldes oder Bewerbungsverfahrens) beziehungsweise die aktiv vom Kind ausgehende Veränderung bestimmter Umweltfaktoren oftmals leichter durchführbar. Ausgehend von der Annahme, Behinderung entstehe durch eine Einschränkung in der Teilhabe am je individuellen Individuum-Umwelt-System, zielt Sanders Diagnostik auf die Herbeiführung notwendiger Systemänderungsprozesse, um individuelle Teilhabe (wieder) zu erlangen (Lemke, 2007, S. 177). In diesem Sinne sind nicht nur die ausbildungs- und berufsbezogenen Fähigkeiten von Jugendlichen mit Behinderung festzustellen, sondern ebenso die behinderungsgemäßen bzw. inklusiven Strukturen und Gegebenheiten des Ausbildungs- und Arbeitsplatzes zu sichten. Als prozessdiagnostisches Instrument sollte die Individuum-Umfeld-Analyse nicht nur einmalig, sondern über einen längeren Zeitraum wiederholt stattfinden, um weitere bisherige Veränderungen und Verläufe zu analysieren und etwaige weitere oder noch vorhandene Bedarfe zu erkunden. Die Analyse wird im Team, zum Beispiel unter Beteiligung von weiteren Fachpersonen, Eltern, evtl. Lehrpersonen und anderen wichtigen Bezugspersonen sowie natürlich dem*der Jugendlichen selbst durchgeführt, wobei auch den subjektiven Sichtweisen der Beteiligten genügend Raum gegeben wird (Lemke, 2007, S. 176).

Kritisch wird unter anderem angemerkt, dass Sanders Ansatz sich nicht vollends von der klassischen, individuumsbezogenen Diagnostik abwende, sondern nur die Umwelt als weiteren Aspekt hinzufüge (vgl. Lemke, 2007, S. 178f.). Dies spricht jedoch nicht gegen die Bedeutsamkeit eines veränderten Fokus' auf (potentiell) prekäre Übergangsverläufe.

5.1.3 Biographische Diagnostik

Im Hinblick auf den Berufsfindungsprozess erhalten die bisherige Lebensgeschichte und damit biographische Selbstentwürfe, individuelle Berufswünsche und Lebensentwürfe eine besondere Bedeutung. Dern und Hanses (2001, S. 290) etwa betonen, dass eine Berufsorientierung, die lebensgeschichtliche Erfahrungen und biographische Gewordenheit nicht miteinbezieht, »droht[,] [...] kontraproduktiv an den Bedürfnissen und Möglichkeiten ihrer NutzerInnen vorbei zu handeln«.

Einen besonderen Stellenwert erhält demnach biographische oder narrativ-biographische Diagnostik, die Jugendliche und deren Biographie im Sinne einer »erzählten Lebensgeschichte« (Goblirsch, 2011, S. 188) selbst in den Mittelpunkt rückt. Im Sinne des Empowerment-Gedankens werden Jugendliche dabei als Expert*innen für das eigene Leben angesprochen. Die lebensweltliche Orientierung dieser Methode kann im Besonderen für Jugendliche mit Behinderung bedeutsam sein: »Mit dem Konzept der biografischen Diagnostik ist der Versuch unternommen, die biografische Selbstthematisierung der behinderten Menschen ins Zentrum der Berufsfindung zu stellen« (Dern & Hanses, 2001, S. 292). Ungestörte narrative, verbalsprachliche Erzählungen stehen im Zentrum dieses Verfahrens, das darauf abzielt, »biographische Strukturierungen« (Goblirsch, 2011) oder »Muster« (Dern & Hanses, 2001) zu erkennen, offenzulegen, gegebenenfalls zu verändern oder zu entwerfen. Damit werden neben beruflichen Wünschen und Vorstellungen auch vergangene Erfahrungen und daraus resultierende Selbstbilder, Handlungs- und Denkmuster thematisiert.

Das Individuum bildet bestimmte biographische Strategien aus, denen es sein eigenes Handeln zugrunde legt und mit denen es sich und seine Umwelt interpretiert. Obgleich solche Strukturen relativ stabil sind, sind sie nicht als statisch zu betrachten und bedürfen gerade in Umbruchssituationen oftmals einer Reorganisation oder Neukonstruktion. Goblirsch (2011, S. 190) versteht biographische Strukturierung als »eine aktiv organisierte Regelhaftigkeit, die in besonderen, vor allem unerwarteten Situationen und Lebensphasen, wie beispielsweise in Krisen, neu geformt und verändert werden kann.« Eine solche Umbruchssituation stellt auch der Übergang von der Schule in den Beruf dar.

5 Pädagogische Handlungsfelder im Übergang und ihre Leitkonzepte

Neben dem Bereich der *beruflichen Rehabilitation* von Menschen mit Behinderung erscheint das Konzept auch für den Prozess der *ersten Berufsfindung* beim Übergang von der Schule in den Beruf vielversprechend, um einem möglichen Verbleiben in der Erwerbslosigkeit, als ungelernte Arbeitskraft im Niedriglohnsektor, auf dem zweiten oder erweiterten Arbeitsmarkt oder in Übergangsmaßnahmen möglichst vorzubeugen (ebd.). Dern und Hanses (2001, S. 2) kritisieren, dass der Einsatz biographischer Diagnostik häufig nur als Notlösung fungiert: »Eine eingehende Diskussion der Biografie und der Herausforderungen [...] findet nur statt, wenn schon eine Vielzahl an gescheiterten Rehabilitationsversuchen vorliegt« und vermerken, dass »[i]nsbesondere im Kontext der Berufsfindung, dort, wo von den behinderten Menschen ein neuer beruflicher Selbstentwurf gefordert ist, [...] die Einbeziehung biografischer Ressourcen und die Wahrnehmung persönlicher Grenzen wichtiger Bestandteil der beratenden Arbeit werden« muss (Dern & Hanses, 2001, S. 290).

In der Annahme, biographischen Strukturen in narrativem, also erzählendem Sprechen zu begegnen, umfasst biographische Diagnostik lebensgeschichtliche Erzählungen von Jugendlichen und versucht anhand dieser, in nicht-wertender Weise Denk- und Handlungsschemata explizit zu machen und in der Person liegende »Lösungspotentiale offen zu legen« (Dern & Hanses, 2001, S. 292). Biographische Diagnostik grenzt sich dabei von testdiagnostischen Verfahren dadurch ab, dass sie nicht hypothesentestend, subsumptionslogisch oder kategorisierend verfährt (ebd.).

Gegenüber herkömmlicher Beratung verweisen Dern und Hanses (2001, S. 293) auf folgende Änderungen im Beratungsprozess: Dem diagnostischen Verfahren liegt kein Frage-Antwort-Schema zugrunde. Stattdessen geht es darum, die Jugendlichen zum Erzählen zu ermutigen und zu versuchen, deren Lebensgeschichten in ihrer Komplexität zu verstehen und dem Gegenüber die Möglichkeit zu Selbstverstehen und Selbstreflexivität zu geben. Neben der biographischen Haupterzählung kommen daraufffolgende Nachfragen zu Themen in der Erzählung und zuletzt Nachfragen zu The-

5.1 Inklusive berufliche Diagnostik

men außerhalb des bereits Erzählten zum Zuge. So können Jugendliche auch selbst eigene Handlungs- und Denkmuster feststellen, anstatt eine Diagnose gestellt zu bekommen.

Dern und Hanses (2001, S. 293) unterstreichen, dass mittels der Analyse solcher dokumentierter Gespräche »leitende biografische Themen, generative Muster der Erzählungen, die sozialen Strukturierungen ›eigenen Lebens‹ wie die Ressourcen« der Beratungsbezieher*innen offengelegt werden können. Der Empowerment-Gedanke tritt demnach nicht nur im Gespräch durch die Nivellierung von Machtunterschieden und Autorität, sondern auch durch die Ressourcenorientierung in Bezug auf die Möglichkeit der individuellen Lebensbewältigung auf.

Abschließend kann Diagnostik in inklusiven Übergängen wohl als wichtiger Anhaltspunkt angesehen werden. Im Zusammenhang mit Berufsorientierung und dem Übergang von der Schule in den Beruf richtet sich der diagnostische Fokus bei Jugendlichen mit SPF oder Behinderung auf die deskriptive Beschreibung individueller Gegebenheiten und Bedürfnisse und die Antizipation und Verwirklichung von Möglichkeiten zur Partizipation in außerschulischen und beruflichen Kontexten. Gerade standardisierte Verfahren und Kompetenzfeststellungsverfahren sollten dabei jedoch nicht überschätzt und als alleinige Bemessungsgrundlage in Bezug auf die beruflichen Aspirationen von Jugendlichen herangezogen werden. Alternativ oder ergänzend können hier diagnostische Verfahren sein, die die Lebensgeschichte und das Lebensumfeld des*der Jugendlichen mit in den Blick nehmen. Gerade im Wissen um die benachteiligende Wirkung des Ersatzarbeitsmarktes und Barrieren im Zugang zum oder Wechsel in den Allgemeinen Arbeitsmarkt scheint zumindest eine Verbindung von diagnostischer Feststellung und einer nachfolgenden Förder- und Unterstützungsplanung sinnvoll, um berufliche Partizipation verwirklichen zu können.

5.2 Inklusive Beratung in Übergängen in Ausbildung und Beruf

Beratung ist eine wesentliche Aufgabe im Übergang Schule-Beruf für junge Menschen, ihre Eltern/Angehörigen sowie für (Aus-) Bildungsbetriebe. Der Übergang von der Schule in weitere (Aus-) Bildung oder Beruf wird aufgrund der Unübersichtlichkeit nachschulischer Möglichkeiten und Risiken zunehmend zum Beratungsanlass, und dies nicht nur für Jugendliche *mit Schwierigkeiten* im Übergang. Vielmehr ist davon auszugehen, dass durch die längeren Übergangsprozesse und deren ungewissere Ausgänge informelle Beratung durch Familie oder Peers *im Allgemeinen* zunehmend von professioneller Beratung flankiert werden muss:

> »Da das Elternhaus und die Schule Bildungswege und -entscheidungen über die ganze Lebensspanne nicht mehr voraus denken und planen können, kommen andere Instanzen hinzu. Bildungsberatung wird so zur individuell-biografisch zu nutzenden Einflussgröße für lebenslanges Lernen.« (Gieseke & Stimm, 2018, S. 361)

Vielfältige Übergangskonstellationen fordern dazu auf, bisherige Arbeitsweisen und Prinzipien zu reflektieren. Dazu gehört auch, in der Beratung einen »produktiven Umgang mit Diffusität und Unsicherheit« (Bräutigam & Müller, 2014, S. 137) zu finden, die als besonderes Merkmal einer »reflexiven Moderne« (ebd.) gesehen werden können und damit auch professionelle Beratungssettings kennzeichnen. Weinhardt (2013, S. 45) plädiert dafür, dies jedoch nicht als Aufforderung zu einer weiteren Ausdifferenzierung des Beratungssektors zu verstehen. Vielmehr könne »Beratung als Hilfeform in ihren bisherigen Erbringungsformen und -verhältnissen und ihren Institutionen übergangssensibel« (ebd.) gemacht werden.

Rollenwechsel und Statusübergänge, die oftmals mit neuen Handlungsweisen und Bewältigungsstrategien einhergehen, sind an institutionellen Schnittstellen, wie jener zwischen Pflichtschule und Beruf, und gerade für Jugendliche mit Benachteiligung oder

5.2 Inklusive Beratung in Übergängen in Ausbildung und Beruf

Behinderung besonders tiefgreifend. Demnach kommen nicht nur *während* Übergängen unterschiedliche Fragen, Thematiken oder Probleme auf, die der Beratung bedürfen, sondern die *Situation des Übergangs selbst* stellt einen prototypischen Beratungsanlass dar. Übergänge werden so im Zuge von Beratung »als Herausforderungen, Belastungen, Bedrohungen, Ungewissheiten und/oder als Entscheidungssituationen erlebt und thematisiert« (Walther & Weinhardt, 2013, S. 8). In dieser Hinsicht hat Beratung »allgemein gefasst die Entlastung in belastenden Lebenszusammenhängen zum *Gegenstand*« (Diouani-Streek, 2019, S. 15, Hervorh. i. O.).

Mit dem Übergang von der Schule in weitere Ausbildung oder Beruf werden zahlreiche Beratungsanlässe aufgeworfen. Beratungssituationen weisen dabei unterschiedliche *Formalisierungsgrade* auf: So kann in Form von *informeller Beratung* Unterstützung und Rat in Familie oder Freundeskreis gesucht werden. Von *halbformalisierter Beratung* spricht man im Zuge von Beratungssituationen mit professionellen Fachkräften, die jedoch im eigentlichen Sinne nicht als Berater*innen fungieren, wenn beispielsweise eine Lehrperson um Hilfe gebeten wird. *Formalisierte bzw. institutionalisierte Beratungen* zeichnen sich durch ein spezifisches räumliches und zeitliches Setting mit einer ausgewiesenen Beratungsperson aus, die nach festgelegten ethischen, wissenschaftlichen und professionsspezifischen Standards verfährt und bestimmten Strukturierungspunkten folgt (u. a. Diouani-Streek, 2019, S. 23f.). Im Übergang nach der Pflichtschule stehen folgende Akteur*innen für professionelle Beratung zur Verfügung: Berufsorientierungslehrkräfte, Schulpsycholog*innen (Bereich Schulpsychologie/Bildungsberatung), Psychagog*innen/Beratungslehrerkräfte (Lehrerpersonen mit psychologischer Zusatzausbildung), Sozialarbeiter*innen (Schulsozialarbeit, Beratung von außerschulischen Trägern wie z. B. Jugendcoaching). Formalisierte Beratungssettings im Übergang von der Schule in den Beruf richten sich zudem an verschiedene Gruppen und umfassen die personenzentrierte, individuelle berufliche Beratung und psychosoziale Beratung der Jugendlichen, die Familienberatung (auch Elternnetzwerke, Empowerment-Grup-

5 Pädagogische Handlungsfelder im Übergang und ihre Leitkonzepte

pen für Eltern, Familien), die betriebliche Beratung und Konfliktberatung/Mediation. In Bezug auf Dauer und Umfang der Beratung kann zwischen (oftmals einmaliger) informativer Beratung, einer umfangreicheren situativen Beratung (die die aktuelle Lebenslage in ihrer Gesamtheit mit einbezieht) sowie langfristiger, z. B. biographischer Beratung (in der vor allem auch die Gewordenheit der momentanen Situation thematisiert wird) unterschieden werden.

Walther & Weinhardt (2013, S. 29) verweisen auf eine Doppelfunktion, die Beratung im Kontext institutioneller Übergänge stets innehat:

- Beratungsprozesse sind zum einen Gate-Keeping-Prozesse im Kontext eines standardisierten Normallebenslaufes. Das meint, dass Beratung und Beratungstätigkeit auch darauf ausgerichtet sind, zu einem möglichst reibungslosen Übergang von einem vorgesehenen Bereich in einen anderen zu verhelfen und die individuellen Übergänge junger Menschen im Sinne formaler Bildungskarrieren zu steuern und sich nach dem Passungsprinzip auf dem Arbeitsmarkt zu ›platzieren‹.
- Zum anderen eröffnet sich in und durch Beratung die Möglichkeit, Schwierigkeiten im Übergang und Unstimmigkeiten zwischen individueller Persönlichkeit und Biographie und institutionellen Vorgaben zu reflektieren und zu bearbeiten. Neben ihrer staatlich verordneten Steuerungsfunktion kommt Beratung im Übergang die Funktion der »Begleitung eines biographischen Bildungs- und Bewältigungsprozesses« (Walther & Weinhardt, 2013, S. 30) zu.

Beratung ist darüber hinaus eine zentrale Tätigkeit in inklusiven Handlungsfeldern, die Orientierungshilfe bei Entscheidungen bieten soll wie auch unterstützend und begleitend fungiert beim »Finden einer neuen Rolle und angemessener Handlungsweisen« (Schlienger, 2016, S. 353ff.). Gerade für junge Menschen mit Behinderung und Beeinträchtigung im Übergang stellt sich Beratung als bedeutsam hinsichtlich ihrer Rechte sowie hinsichtlich des An-

5.2 Inklusive Beratung in Übergängen in Ausbildung und Beruf

spruchs auf Förderleistungen und andere Unterstützungsmöglichkeiten für den Eintritt in einen Beruf und dessen Ausübung dar. Ausführungen zum Thema Beratung beziehen sich zumeist entweder auf Übergangsberatung oder auf Beratung als Tätigkeit in inklusiven Handlungsfeldern. Es gilt also, im Folgenden neu zu skizzieren, was unter Beratung im Kontext inklusiver Übergänge bzw. inklusiver Übergangsberatung verstanden werden kann. Anstatt dabei eine Aufführung der zahlreichen Methoden und Richtungen von Beratungsarbeit zu geben, soll Bezug genommen werden auf einige grundlegende Orientierungen oder Prinzipien, die für inklusiv orientierte Beratung im Übergang besonders relevant erscheinen.

Für eine inklusive Beratung im Übergang erscheint es zunächst essentiell, die vielfältigen Möglichkeiten von Übergangsverläufen zu kennen und anzuerkennen und dementsprechend auch unterschiedliche Beratungsformate anzubieten.

Angesichts der vermehrten Diversität in Übergangsverläufen von jungen Erwachsenen kann das Ziel von Übergangsberatung nicht mehr allein in der »Wahl des optimal passenden Berufes [...] [liegen], sondern die Schwierigkeit [...] besteht [darin], angesichts ständig schwankender, unsicherer beruflicher Optionen im Erwerbsleben zurecht zu kommen« (Weinhardt, 2013, S. 42). Ausgehend von der Komplexitätszunahme bei Übergangsverläufen und damit auch komplexer werdenden Anforderungen an Beratung im Übergang entwickelt Weinhardt (2013) in Anlehnung an Stauber und Walther (2002) drei Szenarien von Beratung im Übergang, die sich an unterschiedlichen Transitionsverläufen orientieren.

Beratung als Begleitung bei einem Entscheidungsprozess mit einem klaren, fixierten Beratungsziel und einem eindeutigen Übergangsziel: Der Übergang vollzieht sich hier linear von einer eindeutigen Statuspassage zur nächsten. Je nach individueller Ausgangslage gibt es dabei eine begrenzte Anzahl an möglichen Optionen, ›wohin‹ der Übergang verlaufen kann. Beratung zielt in diesem Szenario darauf ab, eventuelle Störungen dieses linearen Übergangs zu erkennen und zu bearbeiten. In Bezug auf den Übergang Schule-Beruf gibt Weinhardt (2013, S. 41) folgendes Beispiel: »So wäre bei der Be-

5 Pädagogische Handlungsfelder im Übergang und ihre Leitkonzepte

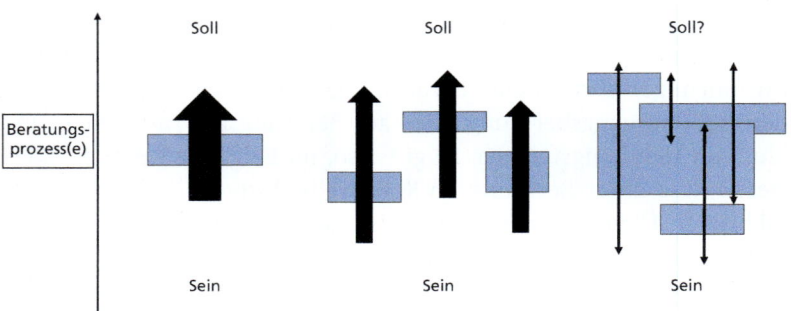

Abb. 5.1: Formen der Übergangsberatung (nach Weinhardt, 2013)

rufs- und Schullaufbahnberatung beispielsweise die Eignung zu prüfen und anschließend festzustellen, wie eventuelle Hindernisse, z. B. hinsichtlich Motivation oder einzelner fehlender Fertigkeiten, überwunden werden können.«

Beratung als Begleitung bei verlängerten und diversifizierten Übergängen und als Unterstützung im Suchen und Finden von Optionen und Zielen: Im zweiten Szenario werden Übergänge nicht mehr als einmalige, kurzzeitige Wechsel gefasst. Es wird der Tatsache Rechnung getragen, dass Übergänge aufgrund ihrer oftmals verlängerten Dauer eigene Lebensphasen darstellen können und mehrere Lebensbereiche betreffen. Dadurch können mehrere, mitunter auch widersprüchliche, Statusziele entstehen. Beratung hat hier im Sinne der Lebenswelt- und Sozialraumorientierung die kooperative Funktion inne, die unterschiedlichen Bereiche und Themen zu vernetzen und so die Lebenswelt und -situation möglichst ganzheitlich zu erfassen, wodurch erst das Finden von Zielen und die Entwicklung von Handlungsoptionen möglich wird:

> »Es geht in einer solchen Netzwerkperspektive [...] nicht nur um das Erreichen der einzelnen Statusziele, sondern auch um das Entwickeln von Plänen, wie die stellenweise widersprüchlichen Einzelanliegen und -ziele zusammen gedacht werden können und, falls Hilfen an unterschiedlichen Institutionen parallel stattfinden, diese koordiniert werden können« (ebd.).

5.2 Inklusive Beratung in Übergängen in Ausbildung und Beruf

Beratung als komplexe Unterstützungsleistung bei nicht voraussehbaren Übergangsverläufen und -zielen: Im dritten Szenario können weder bisherige und zukünftige Rollen klar voneinander abgegrenzt werden (z. B. keine eindeutige Rolle als Jugendlicher oder als Erwachsener), noch sind Anfang, Dauer und Ende von Übergängen eindeutig abschätzbar. Bereits erreichte Statuspassagen können nicht mehr als gesichert angesehen werden (z. B. der Status als Mitarbeiter*in). Walther und Stauber (2007) bezeichnen derartige Übergangsmuster, die durch Vorwärts- und Rückwärtsbewegungen gekennzeichnet sind, als Yoyo-Übergänge (▶ Kap. 3.1). Wie im zweiten Szenario werden Übergänge als mehrere Lebensbereiche betreffend gedacht. Bislang tradierte Endziele, die den klaren Abschluss eines Übergangs markieren, sind nicht mehr vorhanden. In weiterer Folge werden auch klare zeitliche Endbestimmungen oder eindeutige inhaltliche Zielfestlegungen in der Beratung diffuser. Beratung, nun in der Funktion einer »hochreflexiven Hilfeinstanz« (ebd., S. 42), zielt damit weniger auf einmalige Entscheidungen und kurzfristige Begleitung ab, sondern sieht sich eher von der Frage begleitet: »Wie sieht ein gelungener beraterischer Übergang bei partiellem oder vollständigem Verlust von Zielen hinsichtlich der Erreichbarkeit von Statuspassagen aus?« (Weinhardt, 2013, S. 42).

Diese unterschiedlichen Verläufe können einander ablösen, sodass beispielsweise auf eine Phase eines klaren Statuswechsels eine Zeit des Pendelns zwischen Möglichkeiten und mit erhöhten Risiken folgen kann (Weinhardt, 2013, S. 40).

In Übergängen werden also Aspekte unterschiedlicher Lebensbereiche reflexionsbedürftig oder brüchig. Spezifische, klar eingrenzbare ›Übergangsprobleme‹ zu definieren, ist dabei oftmals nicht möglich. Eine gemäß Teilproblemen verfahrende Beratungsweise läuft Gefahr, die lebensgeschichtlichen und lebensweltlichen Zusammenhänge der ratsuchenden Person zu übersehen. In diesem Sinne gilt es, die »Verwobenheit übergangsbezogener (Teil-)Fragen in lebensweltliche Problemarrangements« (ebd., S. 45) zu berücksichtigen. Das Finden passgenauer Lösungen tritt zugunsten der Stärkung individueller Handlungsfähigkeit und Bewältigungsmöglichkeiten und der Aktivierung individueller Ressourcen des*der Ratsuchenden in den Hintergrund (ebd., S. 43; Böhnisch, 2018). Dementsprechend verfährt Beratung, gerade in komplexen Übergangssituationen, eher prozess- als ergebnisorientiert und verzichtet demnach auf die Festlegung eines finalen Beratungsendzeitpunktes.

Ein weiterer zentraler Aspekt inklusiver Übergangsberatung bezieht sich auf den institutionellen Rahmen, in den Beratung am Übergang eingebettet ist, und dessen Auswirkung auf eine hilfreiche Beratungsbeziehung.

Beratung am Übergang von der Schule in den Beruf ist im Besonderen institutionell gerahmt, da sie zwischen zwei Systemen pendelt und an ihnen Anteil nimmt, dem Schulsystem und dem Berufsbildungssystem. Dies wirkt insofern erschwerend auf die Etablierung einer hilfreichen Beratungsbeziehung, als »BeraterInnen und AdressatInnen vor der Herausforderung [stehen], eine vertrauensvolle Beziehung in einem nicht-wertfreien und unbelasteten, sondern einem institutionell gerahmten Ort zu etablieren, der sich mit seiner spezifischen Kultur auf die Beratungssituation auswirkt« (Walter & Hirschfeld, 2013, S. 122f.). Nicht zuletzt aufgrund der institutionellen Verortung zeichnet sich Übergangsberatung durch »asymmetrische Kommunikations- und Beziehungsstrukturen« (Walter & Hirschfeld, 2013, S. 122f.) aus. Übergangsberatung, die sich als inklusiv versteht, ist damit im Besonderen auf die professionelle Reflexivität des*der Berater*in angewiesen, die inhärenten Machtstrukturen zu reflektieren und zugunsten der Selbstbestimmung des*der Ratsuchenden auszulegen. Bleiben Machtstrukturen unbeachtet oder wird das asymmetrische Beziehungsverhältnis gezielt dazu genutzt, die beratende Person als überlegene*n Expert*in darzustellen, wird das Ziel der biographischen Reflexivität in sein Gegenteil verkehrt, indem Reflexivität »zu einem Vorgang [deformiert wird; Anm. d. Verf.], in dem Ratsuchende einsehen sollen, dass sie ein Problem haben, welches die jeweils beratende Seite identifiziert hat« (Truschkat &

Stauber, 2013, S. 232). Im Gegensatz dazu ist Beratung immer der Autonomie und Mündigkeit des Ratsuchenden verpflichtet. Diese professionelle Reflexion von Beratung und Beratungssituationen ist dabei nicht punktuell und immer mal wieder zu verstehen, sondern als »dauerhaft begleitender Modus der kritischen Selbstbeobachtung« (Truschkat & Stauber, 2013, S. 231).

Übergangsberatung im Jugendalter kann auch, gerade bei (potenziell) prekär verlaufenden Übergängen als aufdringlich empfunden werden, wenn Jugendliche durch familiären oder institutionellen Druck zu Beratungen verpflichtet werden. Hier gilt es im Besonderen, die Jugendlichen auf die beraterischen Grundsätze der Freiwilligkeit und der Verschwiegenheit gegenüber Dritten hinzuweisen und die Möglichkeit des Abbruchs einer Beratung offen zu halten.

In ihrer Funktion als gesellschaftliche und politische Steuerungsinstanz ist Beratung im Hinblick auf berufliche Wege und Möglichkeiten in einem institutionellen und rechtlichen Rahmen verankert, der die Optionen junger Menschen (gerade mit SPF und Behinderung) begrenzt:

> »Damit steht die Berufsorientierung und -begleitung im Übergang auch vor der Herausforderung, Beratung angesichts eingeschränkter Wahlmöglichkeiten anzubieten, ohne dabei die AdressatInnen zu demotivieren oder zu stigmatisieren« (Walter & Hirschfeld, 2013, S. 116).

Allerdings läuft beraterische Unterstützung, die sich einem ›Topos der realistischen Perspektiven‹ verpflichtet, Gefahr, durch Cooling-Out Prozesse ambitionierte Ziele von Vornherein als unrealistisch abzustempeln und im Sinne der beruflichen Passung Berufsvorstellungen allein entlang momentaner Arbeitsplatzverfügbarkeit zu steuern.

Individuelle, personenzentrierte psychosoziale Beratung der Jugendlichen, wobei die biographisch-narrative Beratung als besonders ausgeprägte Form personenzentrierter Beratung gesehen werden kann, zeichnet sich dadurch aus, dass die Verwobenheit von subjektiven Wahrnehmungen und Bedeutungszuschreibungen, lebensgeschichtlichen Zusammenhängen und strukturellen, systembedingten Anforderungen thematisiert wird. Im Sinne des Empowerments nimmt sie ihren Ausgangspunkt in der bereits vorhandenen Handlungsfähigkeit, dem Bewältigungsbemühen und -bestreben der ratsuchenden Person und sieht ihren Anlass darin, dessen*deren eigene Selbstreflexion und Handlungsfähigkeit zu stärken. Als lebensweltorientierte Dienstleistung setzt Beratung im Alltag der jungen Menschen an, nimmt Rücksicht auf deren derzeitige Lebenssituation und ermöglicht auch das Einbeziehen von Themen und Problematiken aus anderen Lebensbereichen in die Übergangsberatung (Lebensweltorientierung). Personenzentrierte Übergangsberatung zielt zudem nicht nur auf die Stärkung zukünftiger Handlungsfähigkeit, sondern ebenso auf die Förderung biographischer Reflexivität, worunter das Bewusstsein für die eigenen Ziele und Fähigkeiten verstanden werden kann (Allheit & Dausien, 2000).

Unter Einbezug einer systemischen und sozialräumlichen Perspektive richtet sich der Blick zudem auf die unterschiedlichen Lebenssphären, in denen sich eine Person bewegt. Je nach Anlass und Ziel der Beratung involviert sind das

- System Familie
- System Schule
- System AMS/Arbeitsamt/Arbeitsagentur
- System Gesundheitswesen
- System Jugendhilfe

sowie in weiterer Folge das System des Betriebs/Arbeitsplatzes.

Systemtheorien und systemische Beratungsansätze fokussieren stärker die Interaktion zwischen Teilnehmer*innen (interpersonelle Ebene) als die individuelle und intrapersonelle Perspektive. Zu den Prinzipien systemischer Arbeit zählen vor allem Beziehungsorientierung, die Orientierung an den Ressourcen, Offenheit für Neues und Perspektivenvielfalt (Fasching, 2006; Fasching, Felbermayr & Hubmayer, 2019; Huschke-Rhein, 2003; Reich, 2006; Williams, Schneider & Arndt, 2015). Die daraus hervorgehenden syste-

5.2 Inklusive Beratung in Übergängen in Ausbildung und Beruf

mischen Haltungen sind in der pädagogischen Arbeit mit Kindern, Jugendlichen und ihren Familien besonders hilfreich, natürlich immer unter Berücksichtigung des jeweiligen Kontextes (Kaur, Scior & Wilson, 2009). Lebens- und Bildungsgeschichten sind nie losgelöst von den jeweiligen individuellen, institutionellen und gesellschaftlichen Kontextbedingungen. Folglich benötigen sie auch eine entsprechende Aufmerksamkeit in der pädagogischen Arbeit.

Beratung stellt eine zentrale Komponente in inklusiven Übergangsprozessen dar. Um Beratung dementsprechend auch inklusiv zu gestalten, bedarf es der Orientierung an den Leitprinzipien von Inklusion, die grundlegende Verstehens- und Handlungskategorien darstellen (► Kap. 4).

Truschkat & Stauber (2013, S. 231) verweisen unter Bezug auf die theoretischen Ausführungen von Leiprecht (2008) zu einer diversitätsbewussten und subjektorientierten Sozialpädagogik auf drei Momente einer diversitätsbezogenen und partizipativen Beratungspraxis, die sich vor allem auch für Übergangsberatung als zentral erweist:

- »das Anwenden einer intersektionalen Analyseperspektive, um dem Tatbestand Rechnung zu tragen, dass soziale Lagen immer in einem mehrdimensionalen Machtgefüge von sich wechselseitig durchdringenden Differenzierungslinien zu begreifen sind [...];
- eine konsequent diskriminierungsbewusste und -kritische Haltung, mit der berücksichtigt wird, dass diese sozialen Differenzierungslinien immer machtvolle soziale Ordnungskategorien darstellen, die über privilegierte und über diskriminierte Zugehörigkeiten bestimmen;
- sowie eine Subjektorientierung, die der Tatsache Rechnung trägt, dass die Individuen und ihre Handlungsoptionen zwar immer sozial situiert, nie aber gänzlich dominiert werden durch diese Machtgefüge – dass sie sich also auch widerständig oder in eigensinniger Reibung zu diesen Zuordnungen positionieren können.«

Darüber hinaus kann in Bezug auf die letzten Ausführungen festgehalten werden:
Inklusive Beratung im Übergang ...

- kennt und anerkennt die vielfältigen Möglichkeiten von Übergangsverläufen,
- ist alltagsnah und lebensweltorientiert,
- ist prozess- statt ergebnisorientiert,
- ist sozialraumorientiert,
- ist ressourcen- und stärkenorientiert,
- verfährt vernetzend und kooperativ,
- ist selbstreflexiv in Bezug auf Machtdynamiken und Abhängigkeitsverhältnisse, die Beratungssituationen inhärent sind oder auftreten können,
- wahrt die Autonomie und Mündigkeit des*der Ratsuchenden.

5.2.1 Längerfristige, biographisch-narrative Beratung

Im Übergang von der Schule in den Beruf kommt nicht nur die Entscheidung in Bezug auf den nächsten Lebensabschnitt zum Tragen, sondern auch die Verflochtenheit von beruflichen Entscheidungen mit Fragen des bisherigen und zukünftigen Selbstkonzeptes, der eigenen Identität und ihrer biographischen Gewordenheit rückt in den Blick. Bisherige Lebens- und Identitätsentwürfe werden im Kontext der Lebenswegentscheidung am Ende der Pflichtschulzeit nicht nur wieder relevant, sondern gleichzeitig infrage gestellt.

Mit der Berufswahl rücken demzufolge auch Fragen danach ins Zentrum, wer man war, ist, sein möchte, könnte oder sollte. Entscheidungen am Übergang nach der Pflichtschule fordern eine Auseinandersetzung mit derlei Fragen ein. Gleichzeitig orientieren sich individuelle Ansichten und empfundener Entscheidungsspielraum an biographischen Erlebnissen und milieubedingtem Habitus (Reid & West, 2011, S. 176; Sponholz & Lindmeier, 2017). Lippeg-

5.2 Inklusive Beratung in Übergängen in Ausbildung und Beruf

aus-Grünau, Mahl und Stolz (2010, S. 36) konstatieren, dass in einem umfassenden Verständnis Berufswahlkompetenz »nicht nur die Fähigkeit [ist], sich Informationen zu erschließen und sie auszuwerten, sondern berufliche und damit verbunden gesellschaftliche Möglichkeiten in das eigene Leben, das eigene Selbst, die eigene Biografie zu integrieren«.

Raum für eine erste Auseinandersetzung mit eben diesen Fragen bietet der schulische Berufsorientierungsunterricht. Dieses biografische Lernen stößt im zeitlich begrenzten Rahmen des Unterrichts jedoch schnell an seine Grenzen. In professionellen Beratungssettings kann dem biographischen Bezug bei Berufsfindung und Übergangsprozess hingegen genügend Raum geboten werden. Biographie meint dabei nicht etwa einen formalen Lebenslauf oder allein die zeitliche Reihenfolge lebensgeschichtlicher Ereignisse, sondern die »erzählte Lebensgeschichte« (Goblirsch, 2011, S. 188). Das biographisch-narrative Gespräch umfasst dabei die gesamte Lebensspanne oder einzelne Phasen, die dem Erzähler im Hinblick auf ein bestimmtes Thema (z. B. Berufsorientierung, Berufsfindung) bedeutsam erscheinen. Rosenthal (2002, S. 9) expliziert vier Beratungsaspekte im biographisch-narrativen Gespräch:

- erzählgenerierendes (Nach-)Fragen,
- szenisches Erinnern,
- aktives Zuhören sowie
- Eruieren und Aufsuchen sicherer Bereiche und Orte.

Durch erzählgenerierendes Fragen soll der*die Ratsuchende uneingeschränkt durch etwaige Zwischenfragen die eigene Lebensgeschichte erzählen können, wobei sich der Beratende lediglich Notizen macht, etwa zu offen gebliebenen oder nicht angesprochenen, aber möglicherweise wichtigen Themen oder Situationen. Auf diese wird im zweiten Gesprächsteil durch Nachfragen Bezug genommen. Die Methode des szenischen Erinnerns kann dabei helfen, Erinnerungslücken in Bezug auf eine bestimmte Situation zu schließen, ist jedoch nicht notwendigerweise und nur bei Zustimmung des Ratsuchenden Teil der biographisch-narrativen Gesprächsführung. Rosenthal betont die Wichtigkeit, bei der Thematisierung belastender Lebensphasen oder Ereignisse genug Raum und Zeit zu geben, um sich aus diesen wieder »hinauserzählen« (ebd., S. 11) zu können und die Erzählung auf einen »sicheren Ort« hinzulenken (ebd., S. 8ff.).

Besonders die Komponente des aktiven Zuhörens zeichnet das Gespräch in dieser Form der Beratung aus. Durch den Versuch einer Verbalisierung der Gefühle des Gegenübers wird diesem das »Bemühen zu Verstehen und [...] Einlassen auf die Gefühle des anderen« (ebd., S. 9) bedeutet. Brandl-Nebehay (2003, S. 200) expliziert drei Formen und Funktionen des Zuhörens im Beratungs- und Therapiekontext: auf pragmatischer Ebene nützt Zuhören der Erreichung eines vorher festgelegten Ziels; im Zuhören wird auf der Grundlage eines respektvollen Umgangs der Coachee als autonom handelnde Person angesprochen und ihm die Expertise für das eigene Leben und Erleben zuerkannt; in einem ästhetischen Sinn zielen Zuhören und Beratung auf das Schaffen einer angemessenen Gesprächsatmosphäre.

Dies kann gerade in der Arbeit mit Jugendlichen mit Behinderung oder auch dort, wo Jugendliche bereits längere Maßnahmenketten durchlaufen haben und eher zu passiven Empfänger*innen von Angeboten werden als eine Form des Empowerments angesehen werden. Im Erzählen werden nicht nur rückbezügliche Reflexionen angeregt, sondern auch Identität und Selbstkonzept konstruiert (Engel & Sickendiek, 2004, S. 752).

Engel und Sickendiek (2004, S. 750) betonen, dass über den Status der narrativen Beratung Uneinigkeit herrscht, da diese sowohl als universelle Komponente von Beratung im Allgemeinen, in einem engeren Verständnis jedoch als eigenständiges Konzept diskutiert wird. Während Biographiearbeit oder Ansätze derselben bereits durch Methoden wie Portfolios und Instrumente wie den Berufswahlkompass gut im Berufsorientierungsunterricht verankert sind, werden zeitintensivere Verfahren der Biographieforschung wie jenes der biographisch-narrativen Gesprächsführung selten eingesetzt. In Deutschland sind biographische Interviews beispielsweise jedoch Bestandteil des Moduls »Vertiefte Berufsorientierung an Förderschulen« (Lippegaus-Grünau et al., 2010, S. 37).

5.2.2 Lösungsorientierte, kurzzeitige Beratung

Lösungsorientierte Beratung ist nicht misszuverstehen als eine Praxis, in der den Ratsuchenden passgenaue Lösungen durch die Beratenden offeriert werden (Bauer & Hegemann, 2018, S. 31). So geben auch Bräutigam und Müller (2014, S. 139f.) an, dass im Kontext derzeitiger Wandlungs- und Veränderungsprozesse Beratung »nur schwerlich als eine verstanden werden kann, die über Klarheit verfügt, die Klarheit und Eindeutigkeit anbietet und die weiß, was richtig ist.« Durch systemisches Herangehen und Fragen soll vielmehr im Zuge des Gesprächs exploriert werden, wo bereits Ressourcen auf Seiten der Ratsuchenden für die Problemlösung vorhanden sind oder wo, in welchen Bereichen das Problem gar nicht auftritt oder eine Lösung bereits gelingt. Dem voran geht ein möglichst klarer Umriss der Problemsituation (Bauer & Hegemann, 2018, S. 35f.).

Lösungsorientierte Beratung erfährt in unterschiedlichen Kontexten und Konzepten vielfältige Ausformungen. Diese einen die Grundgedanken der Ressourcenorientierung, Potentialentdeckung, -förderung und -entfaltung bzw. Aktivierung der ratsuchenden Person, des gegenseitigen Respekts und der Anerkennung der ratsuchenden Person.

Lösungsorientierte Beratung ist insofern vor allem als kurzzeitige Beratung zu verstehen, da insbesondere die zeitnahen Bedingungen aktueller Probleme im Zentrum stehen und der Anspruch besteht, durch Aufspüren bereits vorhandener Ressourcen, Bewältigungsstrategien möglichst leicht und schnell zu aktivieren. Lösungsorientierte Beratung kann auch wiederholt oder über einen längeren Zeitraum stattfinden, stellt dabei aber vor allem ein Problem nach dem anderen und dessen Lösbarkeit in den Mittelpunkt. Der Erfolg lösungsorientierter Beratung liegt dabei nicht in erster Linie an beobachtbaren Effekten, sondern vor allem an der Herbeiführung einer »Atmosphäre [...], die Jugendliche ermutigt, für sich passende Lösungen zu suchen und zu finden« (Bauer & Hegemann, 2018, S. 32). Lösungsorientierte Beratung ist geprägt von Empowerment, Selbstbestimmung und Partizipation des*der Jugendlichen sowie gemeinsame und Kooperation mit Dritten (ebd.).

5.2.3 Peer Beratung/Peer Counseling

Die Methode des Peer Counseling entstand im Zusammenhang mit der amerikanischen Independent Living Bewegung und stellt eine Form der Unterstützung von Menschen mit Behinderung durch andere Menschen mit Behinderung (peer support) dar. Peer Beratungsprozesse charakterisieren sich dadurch, dass jene als beratende Personen fungieren, die selbst vulnerablen Gruppen angehören und bestimmte Situationen und Problemlagen bereits selbst durchlebt haben (Jordan & Wansing, 2016). Insofern, als sie einen hilfreichen Umgang mit ihrer aktuellen und vergangenen Lebenssituation gefunden haben, können Peer-Counselor ihre Erfahrungen mit (jungen) Menschen, die sich gerade in ähnlichen Lebenslagen befinden, teilen. Peer Beratung kann demnach als eine Form der Selbsthilfe von Angehörigen vulnerabler Gruppen angesehen werden. Diese Form der Unterstützung zielt auf das Hervorbringen selbstbestimmter und -initiierter Lösungswege und Bewältigungsstrategien. Peer Beratung kann als Einzel- oder Gruppenberatung ausgeübt werden und wird in Österreich beispielsweise vom Verein BIZEPS (Wien) angeboten. Im Vergleich zu herkömmlicher Beratung durch externe Professionelle zeichnet sich Peer Counseling als institutionell unabhängige Beratungsform nicht nur durch Neutralität, sondern durch die Parteilichkeit für die ratsuchende Person mit Behinderung aus. Zudem stehen neben Beratung und Information der Erfahrungsaustausch im Zentrum. (Jordan & Wansing, 2016) Neben der Parteilichkeit sowie der eigenen Betroffenheit nennt Hermes (2006, S. 77) Ganzheitlichkeit sowie Empowerment als besondere Merkmale des Peer Counseling gegenüber anderen Beratungsformen.

Junge Menschen im Übergang können von dieser Art der Beratung also auch insofern profitieren, als sie nicht nur Zuspruch, sondern auch Stärkung hinsichtlich der Durchführung von Behördenwegen, Bewerbungen, der Kommunikation mit externen Unterstützer*innen, Gate-Keeper*innen und Betrieben erfahren können. Neben individuellen Selbstbestimmungs-, Selbstvertretungs- und Empowermentprozessen ist Peer Counseling nach wie vor durch eine politische Dimension bestimmt:

> »Neben der Zielsetzung, Ratsuchende zu ermutigen und zu ermächtigen, ein selbstbestimmtes Leben zu führen, ihr Selbstbewusstsein und Selbstwertgefühl zu stärken und zu mehr Unabhängigkeit von der Unterstützung durch Dritte zu gelangen, tritt eine politische Dimension der Interessenvertretung behinderter/chronisch kranker Menschen sowie des Kampfes um Gleichberechtigung und Anerkennung.« (Jordan & Wansing, 2016, online)

5.3 Berufs- und Übergangscoaching

Coaching kann als personenzentrierte Unterstützung zur konkreten Problembewältigung angesehen werden und stellt eine spezielle Form der Beratung dar. Wenngleich Beratung eine Haupttätigkeit im Coaching ist, unterscheidet sich Coaching von vielen Formen der Beratung vor allem durch den längeren Unterstützungs- und Begleitzeitraum und eine klare Zieldefinition (Wiethoff, 2011, S. 21). Für die Erreichung dieses Ziels finden nicht nur Beratung, sondern ebenso praktische Tätigkeiten statt, die zur individuellen Umsetzung der vorab festgelegten Handlungsschritte und -ziele befähigen sollen (z. B. Bewerbungstraining). Coaching ist zumeist themen- oder zielgruppenspezifisch ausgerichtet. Dabei hat Jugend-

5 Pädagogische Handlungsfelder im Übergang und ihre Leitkonzepte

coaching im Gegensatz zum Coaching anderer Altersgruppen auf die vielschichtigen und komplexen Entwicklungsaufgaben im Jugendalter zu reagieren, unter anderem die Entwicklung von Peerbeziehungen, die Ablösung vom Elternhaus, gesellschaftliche Rolle oder auch Selbstfindungsprozesse. Hinzu kommen im Kontext des Übergangs in Ausbildung und Beruf Anliegen und Coachingbedarf hinsichtlich des Wechsels vom schulischen in ein außerschulisches Setting und damit einhergehende Statusveränderungen sowie ausbildungs- und berufsspezifische Fragen. Es scheint demnach in diesem Zusammenhang nicht sinnvoll, Coaching in Bezug auf verschiedene Thematiken (z. B. Schule, Beruf, private Probleme) gesondert anzubieten, da diese Lebensbereiche ineinandergreifen und sich aufeinander auswirken. Ein ganzheitlicher Coaching-Ansatz mag für Jugendliche vor und während der Phase des Wechsels in die berufliche Bildung angemessener erscheinen.

Pool Maag und Baumhoer-Marti (2016, S. 125) verweisen auf vier Faktoren, auf denen Coaching von Jugendlichen (mit SPF) im Rahmen des Ausbildungs- und Berufseintritts fußt:

- Lernprozesssteuerung,
- Dialogorientierung,
- Beziehungsorientierung und
- Förderorientierung.

Coaching kann als neutraler Rahmen dienen, um den Entstehungskontext individueller Problemlagen zu ergründen und als Angebot konkreter Förderung zur Bewältigung verstanden werden: »Im Coaching-Gespräch wird ein Gesprächsraum für die Analyse und Beratung persönlicher und systembedingter Entwicklungs- und Lernbarrieren geschaffen« (Pool Maag, 2008, S. 95).

5.4 Case Management im Übergang

Der methodische Ansatz des Case Managements entstammt der Sozialen Arbeit und zeichnet sich durch die Verbindung von fallbezogener und systemorientierter Arbeit aus (Neuffer, 2009, S. 21). Mithilfe von Lebenswelt- und Gemeinwesenorientierung sowie sozialer Netzwerkarbeit sollen Ressourcen innerhalb einer Person wie auch in ihrem Umfeld erschlossen und damit eine eigenständige Problemlösung unterstützt werden (ebd., S. 18). Der Ansatz kommt vor allem bei komplexen Problemkonstellationen zum Einsatz (Müller et al., 2015, S. 164). Müller et al. (ebd.) verweisen darauf, dass »Case Management [...] als Systemkonzept verstanden [wird], welches das Feld der formellen und informellen Ressourcen im Blick hat, deren Heranziehung koordiniert und auf das Handeln im Einzelfall abgestimmt ist«.

Neuffer (2009, S. 19) definiert Case Management entlang von vier Grundorientierungen:

- »Case Management ist ein Konzept zur geplanten Unterstützung von Einzelnen und Familien.
- Case Management gewährleistet durch eine durchgängige fallverantwortliche Beziehungs- und Koordinierungsarbeit Klärungshilfe, Beratung und den Zugang zu notwendigen Dienstleistungen.
- Case Management befähigt die Klienten und Klientinnen, Unterstützungsleistungen so weit wie möglich selbstständig zu nutzen und greift so wenig wie möglich in ihre Lebenswelt ein.
- Case Management übernimmt die Fall- und Systemsteuerung, bindet personelle und institutionelle Netzwerkarbeit ein, beteiligt sich am Aufbau eines professionellen und nicht-professionellen Unterstützungssystems.«

Case Manager*innen übernehmen vor allem koordinatorische Aufgaben, wobei in systematischer Weise örtlich-lokale und soziale

5 Pädagogische Handlungsfelder im Übergang und ihre Leitkonzepte

Unterstützungsmöglichkeiten ermittelt werden. Hierbei spielen bereits etablierte Unterstützungsbeziehungen und -strukturen eine besondere Rolle: »Die eigenen Ressourcen der Betroffenen und das sie umgebende soziale Netz werden Ausgangspunkt für die Hilfen« (Müller et al., 2015, S. 165). Neuffer (2009, S. 24) fächert den Begriff der Ressourcen auf in persönliche, familiäre, sozioökologische, sozioökonomische sowie kulturelle Ressourcen. Unter Bezugnahme auf den lebensweltlichen Kontext können dabei auch aktuelle und potenzielle Bewältigungsmuster sichtbar werden. Mit Rekurs auf Böhnisch (2018) kann dies als Suche nach biographischen Verläufen, inhärenten Sinnkonstruktionen und Bewältigungshandeln gefasst werden. Eine solche lebensgeschichtliche Bezugnahme kann sodann (bereits vorhandene) Ressourcen aufzeigen, die im weiteren Übergangsverlauf hilfreich sein können. Ressourcenorientierung und Personenzentrierung sollten jedoch nicht als therapeutische Intervention missverstanden werden. Zu reflektieren ist stets auch die Gefahr, dass Ressourcenorientierung in eine neoliberale Selbstoptimierungsaufforderung umschlägt, die auf die unbedingte Ausschöpfung aller personaler und sozialer Ressourcen und auf eine individuelle ›Aneignung‹ von Handlungsfähigkeit drängt (Müller et al., 2015, S. 171). Die zu unterstützende Aktivierung von Selbsthilfepotentialen und Eigeninitiative darf nicht mit einem sonstigen Unterstützungsentzug oder anderen Sanktionen einhergehen.

Im Zuge dessen gehen Case-Manager*in und Klient*in eine auf Respekt und Vertrauen basierende Arbeitsbeziehung ein. Sie stehen in einem beständigem Aushandlungsprozess darüber, welche Personen, Netzwerke oder Dienstleistungen wann und in welcher Art und Weise eingebunden werden können und sollen. Grundlage der Aushandlungsprozesse sind schriftliche vereinbarte Zieldefinitionen. Dokumentation sowie Ablauf- und Handlungspläne (Hilfeplanung) kommen als Begleitinstrumente zum Einsatz (ebd., S. 164f.).

Case-Manager*innen kommen im Laufe ihrer Arbeit drei zentrale Funktionen zu:

- anwaltliche Funktion,
- vermittelnde Funktion,
- selektierende Funktion.

Die anwaltliche Funktion ist temporär zu sehen, hat Stärkung der Selbstbestimmung und (erneute) Selbstvertretung (self-advocacy) zum Ziel. Besonders ist darauf hinzuweisen, dass »[d]ie ›anwaltliche‹ Funktion [...] weder darin [besteht], all dies zu tun, was die Klient*in verlangt oder wünscht, noch darin ihr oder ihm bedarfsgerechte Lösungen aufzusetzen, sondern gemeinsam nach Lösungen zu suchen und dabei ihr Selbsthilfepotential zu stärken« (Müller et al., 2015, S. 166).

In der Rolle des sogenannten ›Broker‹ tritt der Case Manager als neutraler Vermittler von Personen, Netzwerken und Dienstleistungen auf, die für den Fall als hilfreich betrachtet wurden und nun individuell angepasst werden. Im Vordergrund stehen »der Prozess der Leistungserbringung, seine Koordination und Überwachung« (ebd.).

Unter selektiver Funktion oder Gate-Keeping ist die Auswahl an Unterstützungen, Dienstleistungen, Gütern etc. zu verstehen, zu denen ein Zugang ermöglicht werden soll. Gate-Keeping meint dabei auch die Begleitung der Klient*innen ›zu‹ oder innerhalb der gewählten Unterstützungsformen (ebd., S. 167). Insofern, als Gate-Keeping auch eine strukturelle Platzierungsfunktion innehat, bedarf es besonderer professioneller Reflexivität, damit Case Management nicht als Werkzeug einer wirtschaftlich effizienten und ungleichheitsfördernden Sozialpolitik instrumentalisiert wird.

Die Durchführung von Case Management erfolgt in sechs Phasen (ebd., S. 167ff.; Neuffer, 2009, S. 63ff.):

1. Kontaktaufnahme und Erstberatung;
2. Assessment: Situationseinschätzung durch Beschreibung, Analyse und Bewertung des Ist-Zustandes; Abklärung des Unterstützungsbedarfs; Sichtung von Ressourcen; Einholen von Wünschen; evtl. Einschätzung durch andere Beteiligte;

3. Planning: gemeinsame lösungsorientierte und strukturierte Problembehandlung; Formulieren der Zieldefinition(en); Resultat ist ein Hilfeplan mit klarer Aufgabenverteilung, zeitlichen Abläufen, klaren Angaben über Rechte und Pflichten aller Beteiligten; bestmögliche Anbahnung und Stärkung von Empowerment und Selbstbestimmung; evtl. Netzwerkkonferenz;
4. Intervention: Durchführung der Hilfeplanung; Case-Manager*innen kommen vor allem Aufgaben der Steuerung, Koordination und Kooperation zur möglichst lückenlosen Durchführung des Plans zu;
5. Monitoring: kontinuierliche Beobachtung und Dokumentation des Prozesses, um Revidierungen oder Anpassungen gemäß des individuellen Bedarfs des*der Jugendlichen vorzunehmen;
6. Evaluation: gemeinsame Analyse, Reflexion und Bewertung des Gesamtprozesses nach dessen Ende mithilfe der Zielvereinbarungen; Nachbetreuung und erneute Evaluation mit zeitlichem Abstand zur Ermessung der Nachhaltigkeit der Unterstützung(en).

Gerade Case Management im Kontext beruflicher Integration und Inklusion ist von Ambivalenzen geprägt. Einerseits kommt Case Management, wie gesagt, eine Gatekeeping-Funktion zu, in der die Individuen auf die ihnen ›zukommenden‹ oder ›vorbestimmten‹ sozialen Positionen platziert werden sollen. Andererseits kommt Case-Management die Möglichkeit zu, als bedarfs- und personenorientierte Hilfeleistung sichtbaren und latenten Benachteiligungen von jungen Menschen im Übergang entgegenzuwirken. Folglich ist es zentral, die Balance zwischen sozialpolitischer Steuerung und individueller Begleitung und Unterstützung beständig zu reflektieren und zu halten.

5.5 Assistenz im Kontext von Ausbildung und Arbeit

Das Modell der Assistenz stellt im Kontext professioneller Hilfen eine personenzentrierte Unterstützungsleistung für Menschen mit Behinderung dar. Versteht man Assistenz nicht nur als praktische Unterstützungsform, sondern auch als handlungsleitendes Prinzip, lässt sich daran der grundlegende Wandel in der Ausrichtung professioneller Hilfeleistungen für Menschen mit Behinderung besonders gut nachvollziehen: Als ambulante Hilfeleistung verbindet sich mit dem Assistenzmodell auch eine Abkehr von institutionsorientierten Dienstleistungen, die ihren Ausgang insbesondere von der Selbstbestimmt-Leben-Bewegung nimmt (Loeken & Windisch, 2013, S. 38ff.). Mit dem Ziel der Inklusion verfahren Assistenzmodelle gemäß den Prinzipien der Partizipation, der Selbstbestimmung und des Empowerments. Inklusionsorientierte Hilfs- und Unterstützungsangebote »sollen so organisiert sein und ausgeführt werden, dass sie eine selbstbestimmte Lebensführung in sozialen Bezügen ermöglichen. Dafür sollen sie personenzentriert, d. h. konsequent am individuellen Unterstützungsbedarf orientiert sein und lebensweltorientiert erbracht werden« (Loeken & Windisch, 2013, S. 34). Das bedeutet, dass der*die persönliche Assistent*in dazu verhilft, die individuelle Teilhabe in einem oder mehreren Lebensbereichen zu stärken, wobei die Autonomie und Mündigkeit der assistenzbeziehenden Person stets gewahrt bleibt. Assistenz kann demnach als Gegenmodell zu institutionsorientierten Dienstleistungen gesehen werden und richtet sich grundsätzlich gegen Fremdbestimmung. Unterstützungsbezieher*innen werden als Expert*innen für ihr Leben angesprochen. Assistent*innen handeln entsprechend der Anweisungen und Entscheidungen der Assistenznehmer*innen. In diesem Sinn stellt die Bereitschaft zur Kooperation eine Grundbedingung für das Assistenzmodell dar. Dabei gilt es in der Arbeit mit Menschen mit kognitiven Beeinträchtigungen, die sich nur schwer verbal ausdrücken können, besonders sensitiv für nonverbale oder minimale Äußerungen zu sein, um auch weiterhin Selbstbestimmung und Kooperation zu ermöglichen. Es ist jedoch darauf hinzuweisen, dass oftmals gerade in diesem Zusammenhang die »professionelle Rolle zwischen Selbst- und Fremdbestimmung oszilliert« (Loeken & Windisch, 2013, S. 42), das heißt, die lückenlose Wahrung der Selbstbestimmung an ihre Grenzen stößt (u. a. aufgrund von kommunikativen Un- oder Missverständnissen). Auch Biewer (2017, S. 97) weist darauf hin, dass »[a]uch wenn Assistenz sich als Gegenmodell zur Fürsorge versteht, so kann es insbesondere für Menschen mit sehr hohem Unterstützungsbedarf sichtbare und verschleierte Machtstrukturen enthalten.« Professionelle Unterstützungsleistungen sind demnach stets dazu angehalten, (neue) Formen von verdeckter und offener Gewalt, Macht und Entmündigung zu reflektieren und diesen entgegenzuwirken (Weber, 2016). Gleichzeitig sind gerade im pädagogischen Kontext Unterstützungsleistungen mit Assistenzcharakter in zweifacher Weise zu betrachten:

> »Im Gegensatz zum Konzept der Persönlichen Assistenz ist für die pädagogischen Hilfeleistungen charakteristisch, dass diese nicht ausschließlich im Auftrag ihrer Adressat/inn/en erbracht werden, sondern sich im Spannungsfeld zwischen der Orientierung an Interessen, Zielen und Kompetenzen der Adressat/inn/en einerseits und Ansprüchen von Erziehung, Bildung und Förderung sowie begrenzender und beschützender Intervention andererseits bewegen.« (Loeken & Windisch, 2013, S. 46)

Eine Lösung stellt eine vertragliche Vereinbarung in Form eines Unterstützungsbündnisses dar, in dem Aufgaben und Pflichten sowie Rechte von Assistenznehmer*in und Assistent*in festgelegt werden (ebd., S. 47).

Assistenzleistungen können auf unterschiedliche Bereiche bezogen werden: Neben einer persönlichen Assistenz für die Unterstützung in der alltäglichen Lebensführung sind beispielsweise Schulassistenz, Berufsausbildungsassistenz, Arbeitsassistenz oder persönliche Assistenz am Arbeitsplatz (Jobcoaching) zu vermerken (▶ Kapitel 6.4).

In diesen unterschiedlichen Bereichen kommen Assistent*innen verschiedene Rollen und Aufgaben zu. Im Rahmen von Berufsausbildung und Arbeit sind Assistenzleistungen auf zwei Ebenen zu verorten. Zum einen auf einer Vermittlungs- und Koordinationsebene. Darunter fallen etwa die Aufgaben der Berufsausbildungsassistenz und Arbeitsassistenz, die vor allem in der Beratung, Information des*der Jugendlichen, die Vermittlung in ein Ausbildungsverhältnis sowie die Koordination zwischen unterschiedlichen Institutionen und Akteur*innen liegen. Zum anderen kommen die Leistungen direkt am Arbeitsplatz im Betrieb zum Tragen. Hier unterstützen das Jobcoaching bzw. die persönliche Assistenz am Arbeitsplatz bei der Durchführung der beruflichen und damit zusammenhängenden Tätigkeiten, wie etwa der Bewältigung des Weges zur Arbeit und nachhause (Fasching, 2019; SMS, 2021, online).

Die pädagogischen Bemühungen im Bereich der Arbeitsassistenz richten sich verstärkt auf die Veränderungen struktureller Gegebenheiten hin zu inklusiven Settings am allgemeinen Arbeitsmarkt. Ein anerkanntes Arbeitsleben zu führen und auf dem allgemeinen Arbeitsmarkt tätig zu sein, wirkt sich positiv auf das Selbstwertgefühl und das soziale Zugehörigkeitsgefühl aus; nicht zuletzt verbessert es individuelle Entwicklungschancen. Die inklusive Gestaltung des allgemeinen Arbeitsmarktes und eines individuellen Arbeitsfeldes ist demnach ein primäres Ziel von Arbeitsassistenz und Begleitung, da die soziale Teilhabe an diesem wichtigen Lebensbereich das persönliche Lebensgefühl aufwertet, dadurch die Lebensqualität steigert und die Chancen zur gesellschaftlichen Anerkennung dadurch verbessert werden (Fasching, 2004).

5.6 Unterstützte Beschäftigung/Supported Employment

Das Konzept der Unterstützten Beschäftigung richtet sich an Personen mit erschwertem Zugang zum ersten Arbeitsmarkt und wur-

5 Pädagogische Handlungsfelder im Übergang und ihre Leitkonzepte

de zunächst insbesondere für Menschen mit Lernbehinderung oder intellektueller Beeinträchtigung entwickelt. Mittlerweile kommt Supported Employment allerdings auch erfolgreich in Bezug auf die Schaffung inklusiver Strukturen für andere benachteiligte Personengruppen zum Einsatz (Debrunner, 2016, S. 544; Doose, 2012, S. 135ff.). Mit dem Ziel der Inklusion und beruflichen Partizipation orientiert sich das Supported Employment-Konzept unter anderem an den Leitideen des Empowerments und der Selbstbestimmung (DABEI Austria, 2010, S. 8). Es zielt nicht nur auf die Vermittlung in ein Ausbildungs- oder Arbeitsverhältnis auf dem ersten Arbeitsmarkt ab, sondern auch auf dessen langfristiges Innehaben. Das Modell findet in den deutschsprachigen Ländern unter den Bezeichnungen Supported Employment (Schweiz), Unterstützte Beschäftigung (Deutschland) und Arbeitsassistenz (Österreich) Eingang in konkrete Maßnahmen der beruflichen Integration und Inklusion (Debrunner, 2016, S. 544).

Debrunner (ebd.) verweist auf vier zentrale Merkmale des Konzepts der Unterstützten Beschäftigung:

- Teilhabe am regulären/ersten Arbeitsmarkt
- bezahlte und sozialversicherte Anstellung
- langfristige individuelle Unterstützung am Arbeitsplatz
- direkte Platzierung statt vorhergehender Qualifizierung (›first place, then train‹).

Ausschlaggebend ist unter anderem also, dass eine arbeitssuchende Person mit einer Behinderung *direkt* einen Arbeitsplatz in einem regulären Betrieb erhält und dabei von einer professionellen Unterstützungsperson vorbereitet und langfristig begleitet wird. Berufsvorbereitende Maßnahmen sind insbesondere darauf ausgerichtet, Jugendliche durch eine längere Vorbereitungsphase schrittweise auf einen Arbeitsplatz am allgemeinen Arbeitsmarkt vorzubereiten. Erst nach dem Erreichen eines bestimmten Grades der Berufs- oder Ausbildungsreife wäre der Eintritt in den allgemeinen Arbeitsmarkt möglich. Im Gegensatz dazu wird im Zuge von Unterstützter Beschäftigung die Unterstützung und Beratung direkt auf den Arbeitsplatz verlegt, stark individualisiert und damit auf den persönlichen Hilfebedarf in dem speziellen Arbeitsfeld zugeschnitten. Die herkömmliche, in vielen berufsvorbereitenden Maßnahmen stark vertretene Devise ›Erst qualifizieren, dann platzieren‹ wird in die Strategie ›Erst in ein reguläres Beschäftigungsverhältnis platzieren, dann durch training-on-the-job qualifizieren‹ umgekehrt. Das zentrale Merkmal des ›training on the job‹ ist also die individuelle Qualifizierung am Arbeitsplatz und umfasst folgende Aufgaben: die Einarbeitung und Vermittlung arbeitstechnischer Kompetenzen und berufsbezogener Kenntnisse, die Organisation von Unterstützungsmöglichkeiten im Betrieb und im sozialen Umfeld und die Entwicklung bzw. Bereitstellung geeigneter Hilfsmittel und Strukturierung individueller Qualifizierungs- und Arbeitspläne (Fasching, 2004).

Die Umsetzung von Unterstützter Beschäftigung erfolgt in fünf Phasen (DABEI Austria, 2010, S. 9; Doose, 2012):

1. Orientierung und Beauftragung
2. Erstellung eines Fähigkeitsprofils und individuelle Berufsplanung
3. Arbeitsplatzsuche
4. Kontakt mit Arbeitgeber*in
5. Betriebliche und außerbetriebliche Unterstützung.

Durch die Aufhebung der Trennung von vorberuflicher Qualifizierung und Platzierung auf dem Arbeitsmarkt sollen vor allem auch Jugendliche mit Beeinträchtigung oder Behinderung die Chance auf einen Zugang zum allgemeinen Arbeitsmarkt erhalten. Fehlende praktische Qualifikation und oftmals auch mangelnde Sozialkompetenz soll durch eine längerfristige Begleitung und Beratung im Betrieb ausgeglichen werden (Fasching, 2004).

In der Schweiz hat sich analog zum Prinzip des Supported Employment das Konzept der Supported Education etabliert. Dieses wird im Zusammenhang mit Unterstützung gemäß Supported Employment während der Phase der Berufs(aus-)bildung verwendet (Pool Maag, Friedländer & Rauser, 2016; Debrunner, 2016).

Weiterführende Literatur und Links

Europäischer Werkzeugkoffer für Unterstützte Beschäftigung/ Supported Employment: http://www.euse.org/content/supported-employment-toolkit/EU SE-Toolkit-2010-Austria.pdf

Müller, B., Zöller, U., Diezinger, A. & Schmid, A. (2015). *Lehrbuch Integration von Jugendlichen in die Arbeitswelt.* Weinheim, Basel: Beltz Juventa.

Wiethoff, C. & Stolcis, M. (2018). *Systemisches Coaching mit Schülerinnen und Schülern.* Stuttgart: Kohlhammer.

6

Methoden, Handlungskonzepte und Unterstützungsmaßnahmen im schulischen, außerschulischen und betrieblichen Kontext

> Worum es geht ...
> Der folgende Abschnitt beschreibt pädagogisches Handeln angesichts erschwerter Bedingungen im Übergang von der Schule ins Berufsleben. Innovative Unterstützungsangebote, die auf eine inklusive Übergangsbegleitung von der Schule in (Aus-)Bildung und Beschäftigung abzielen, sowie gesetzliche Bestimmungen zu einer integrativen Berufsausbildung werden vorgestellt.

6 Methoden, Handlungskonzepte und Unterstützungsmaßnahmen

> Dabei werden sowohl schulische als auch außerschulische Maßnahmen thematisiert. Hierzu zählen Angebote innerschulischer Berufsorientierung sowie Möglichkeiten inklusiver Ausbildung und diverse begleitende Maßnahmen während des Übergangs und zur direkten Unterstützung für eine Beschäftigung am regulären Ausbildungs- und Arbeitsmarkt. Eine an den Prinzipien der Selbstbestimmung und Partizipation orientierte professionelle Begleitung, Unterstützung oder Assistenz der Jugendlichen stellt dabei in allen Phasen des Berufswahl- und Entscheidungsprozesses sowie auch während der Platzierung eine notwendige Bedingung dar.

Neben der schulischen Berufsorientierung gibt es mittlerweile eine Vielzahl an außerschulischen Angeboten, um den Übergang junger Menschen in die berufliche Bildung zu unterstützen. Zur Systematisierung können verschiedene Maßnahmenangebote für Jugendliche nach methodischen Gesichtspunkten folgendermaßen unterschieden werden[7]:

- Maßnahmen zur beruflichen Orientierung (Berufsberatung, Berufsorientierung, Jugendcoaching)
- Maßnahmen zur beruflichen Qualifizierung und Ausbildung (Berufsvorbereitungskurse, Ausbildung im geschützten Bereich durch Qualifizierung, reguläre Lehre/Duale Ausbildung und Integrative Berufsausbildung)
- Maßnahmen zur Unterstützung bei der beruflichen Integration/Inklusion am allgemeinen Arbeitsmarkt (Arbeitsassistenz, Jobcoaching, Betriebsservice).

Maßnahmen zur beruflichen Orientierung, worunter die Berufsberatung und -orientierung sowie das Angebot des Jugendcoachings

---

7 Einzelne Teile dieses Kapitels sind Fasching (2004) entnommen.

zu subsumieren sind, bilden wesentliche Elemente in den Phasen der beruflichen Entscheidungsfindung und -realisierung. Sie umfassen vor allem die Konkretisierung der beruflichen Vorstellungen und die Information über Angebote im Bereich der beruflichen Bildung. Das Ziel der berufsorientierenden Maßnahmen ist es, gemeinsam mit den Jugendlichen, oft auch mit deren Eltern und Lehrpersonen, eine passende Ausbildung oder das passende Unterstützungsangebot an der Schnittstelle zwischen Schule und Beruf zu finden und so den nachschulischen Übergang zu unterstützen und gegebenenfalls zu begleiten und zu koordinieren.

Maßnahmen der beruflichen Qualifizierung sollen den Jugendlichen nach der Schule die Gelegenheit zur Erprobung und Vorbereitung auf das Berufsleben geben. Die wesentlichen Ziele dieser Maßnahmen sind, dass gemeinsam mit den Jugendlichen auf Basis konkreter beruflicher (Erst-)Erfahrungen berufliche Zukunftsperspektiven entwickelt werden sowie Berufswahlkompetenz gefördert wird. Des Weiteren gibt es Möglichkeiten der regulären Berufsausbildung (Duale Ausbildung) oder Integrativen Berufsausbildung/ Teilqualifizierung in Ausbildungsbetrieben am allgemeinen Arbeitsmarkt oder im Rahmen der überbetrieblichen Lehrausbildung.

Maßnahmen zur Unterstützung bei der beruflichen Integration/ Inklusion am allgemeinen Arbeitsmarkt verfolgen allgemein das Ziel der Vorbereitung und des Erreichens eines konkreten Arbeitsplatzes am allgemeinen Arbeitsmarkt und des langfristigen Haltens des Arbeitsplatzes. (▶ hierzu ausführlich in Kap. 6.3. und 6.4).

6.1 Methoden partizipativer Übergangs- und Berufswegeplanung

6.1.1 Individuelle Transitionsplanung (ITP)

Das Konzept der Individuellen Transitionsplanung bzw. der individuelle Transitionsplan als konkretes Instrument (aus dem Englischen: ITP – Individual Transition Plan(ning)) stellt eine besondere Art der Förderplanung dar, die sich im Speziellen auf den Übergang nach der Pflichtschule bezieht. Die Methode bzw. der Plan als solcher werden unter anderem auch unter den Bezeichnungen individuelle Förderplanung, individuelle Übergangsplanung, individuelle Entwicklungsplanung (IEP), Integrationsplanung, Laufbahnplan, Bildungsplan, Maßnahmenplan, Entwicklungsdokumentation etc. geführt (u. a. Soriano, 2006, S. 25). Dabei unterscheidet sich die Transitionsplanung von schulischen Förderplänen besonders dadurch, dass sie nicht auf ein spezifisches Fach oder das Erreichen einer bestimmten schulischen Leistung ausgerichtet ist, sondern den Blick auf die außer- bzw. nachschulische Lebenswelt richtet. Ein individueller schulischer Förderplan und Transitionsplan können jedoch als sich einander ergänzende Instrumente eingesetzt werden (Soriano, 2006). Individuelle Transitionspläne knüpfen an schulische Förder- oder Entwicklungspläne (IEP – Individueller Entwicklungsplan) an, ohne dass jedoch die darin enthaltenen Dokumente, Befunde usw. in doppelter Ausführung versammelt werden sollen. Vielmehr könne der ITP als »eine Art ›individuelles Portrait‹ der Situation, Motivation, Wünsche und Fähigkeiten einer/eines Jugendlichen« (ebd., S. 27) im Hinblick auf die eigene berufliche Zukunft angesehen werden:

> »Ein individueller Förderplan für den Übergang ins Berufsleben ist ein Instrument, ein Werkzeug, ein Dokument, in dem Vergangenheit, Gegenwart und die gewünschte Zukunft von Jugendlichen dokumentiert werden. Es sollte Informationen über das Lebensumfeld der bzw. des Jugendlichen beinhalten: familiäre Verhältnisse, Krankheitsgeschichte, Freizeitgestaltung, Werte und kultureller Hintergrund sowie Informationen über die schulische und berufliche Bildung.« (ebd., S. 25)

Neben den personenbezogenen Merkmalen werden also auch der individuelle Lebenskontext, der Arbeitsmarkt und angestrebte Beruf(sbilder) mit ihren Anforderungen und Voraussetzungen porträtiert und in den Planungsprozess miteinbezogen, um ein ganzheitliches Bild zu erhalten, Einschätzungen treffen und Ziele vereinbaren zu können.

6.1 Methoden partizipativer Übergangs- und Berufswegeplanung

In diesem Sinne ist der ITP nicht als Instrument zur psychologischen oder pädagogischen Diagnostik im herkömmlichen Sinne gedacht (wenn auch solche Befunde hinzugezogen werden können), sondern als kooperatives Reflexionstool zu betrachten. Der Beginn der individuellen Transitionsplanung liegt optimalerweise zwei bis drei Jahre vor dem Übergang, das heißt, vor dem Austritt aus der Pflichtschule (Soriano, 2006, S. 36). Dabei richtet sich die individuelle Transitionsplanung nicht allein an Jugendliche mit Behinderung oder sonderpädagogischem Förderbedarf, sondern kann für alle Jugendlichen ein hilfreiches Instrument zur Reflexion ihrer Bedürfnisse, Wünsche und Stärken, zur Selbsteinschätzung und Antizipation realisierbarer beruflicher Ziele sein und in konkreten Schritten einen gelingenden Übergang in die Arbeitswelt unterstützen (ebd., S. 28). Die Jugendlichen stehen stets im Mittelpunkt des Prozesses und sind aktiv an der Gestaltung des Planes beteiligt. Dadurch werden stete Partizipation und Selbstbestimmung des*der Jugendlichen nicht nur angestrebt, sondern auch gelebt.

Während die Hauptverantwortung für die Koordination bei einem schulischen Förderplan der Lehrperson obliegt, wird in der ITP-Planung im Zuge eines ersten Treffens eine Kontaktperson benannt (häufig eine professionelle Unterstützungsperson), deren Aufgaben vor allem in der Moderation der ITP Treffen, der Koordination der Aufgaben, Vernetzung aller beteiligten Personen und Bereiche (z. B. Schule-Unternehmen/Betrieb) liegt. Sie ist Ansprechpartner*in für alle am Prozess Beteiligten, dabei im Besonderen für die Jugendlichen, die sie auch nach Abschluss des Übergangs in der ersten Zeit am Arbeitsplatz weiterbegleitet. Sie unterhält auch die Kommunikation mit (potenziellen) Arbeitgeber*innen. Neben der Kontaktperson ist vor allem auch die Einrichtung eines Beratungsteams für den Planungsprozess bedeutsam. Dieses besteht neben der Kontaktperson und dem*der Jugendlichen selbst aus Familienmitgliedern (zumeist den Eltern) und anderen wichtigen Bezugspersonen sowie professionellen Fachkräften (z. B. Klassenlehrer*in sowie weitere inner- und außerschulische Berater*innen und Fachkräfte, z. B. Jugendcoach, Sozialarbeiter*in etc.). Wenn auch den unterschiedlichen Beteiligten eine bedeutsame Rolle und wesentliche Aufgaben für das Gelingen des Transitionsprozesses zukommen, so wird dennoch eines betont: »Vermieden werden muss eine Situation, in der die Jugendlichen einfach den Weg beschreiten, der nach Meinung der Erwachsenen am besten für sie ist« (ebd., S. 36; vgl. hierzu auch Cavendish, Connor & Rediker, 2017; Cavendish & Connor, 2018; Chandroo, Strnadová & Cumming, 2020).

Die individuelle Transitionsplanung zeichnet sich somit nicht nur durch Personenzentrierung (der*die Jugendliche steht im Mittelpunkt) sowie Lebenswelt- und Ressourcenorientierung (Einbezug der Familie und anderer wichtiger Bezugspersonen) aus, sondern auch durch (multiprofessionelle) Kooperation und Empowerment. Der individuelle Transitionsplan wird von allen Beteiligten gemeinsam ausgearbeitet und enthält nicht nur eine Dokumentation über Ausgangslage und individuell gesetzte Ziele, sondern auch konkrete Schritte, Aufgaben und Methoden, »mit denen sich ein individueller Übergangsprozess gewährleisten und die Handlungskompetenz des [*der, Anm. d. Verf.] Jugendlichen stärken lässt« (ebd., S. 27). Dies kann auch rein praktische Fragen umfassen, etwa wie ein Jugendlicher, der in einem Ort mit schlechter Verkehrsanbindung wohnt, zum Bewerbungsgespräch gelangt. Nach Soriano (2006, S. 30) kann die Planung in drei Phasen unterteilt werden:

Tab. 6.1: Phasen der Individuellen Transitionsplanung (nach Soriano, 2006)

Phase 1: Vorbereitungsphase	Information, Beobachtung und Orientierung	Aufstellen eines ITP, Unterstützung des*-der Jugendlichen in Berufsorientierung und -wahl und bei der Suche nach einem Ausbildungs- oder Praktikumsplatz
Phase 2: Umsetzungsphase	Qualifizierung und Ausbildung	Erwerb notwendiger Qualifikationen und Handlungskompetenzen (u. a. durch Nachweise)
Phase 3: Ergebnisorientierung	Beschäftigung und weitere Begleitung	Finden und Halten eines Arbeitsplatzes, Sicherung besserer Lebensqualität und nachhaltiger beruflicher Inklusion

6.1 Methoden partizipativer Übergangs- und Berufswegeplanung

Ein kontinuierlicher Austausch über den Fortgang des Prozesses ist dabei insofern von Bedeutung, als Zielvereinbarungen und Aktionspläne oftmals verändert und angepasst werden müssen, um die Relevanz des Transitionsplans aufrecht zu erhalten. Die Häufigkeit der Treffen kann dabei vor allem am Bedarf des*der Jugendlichen ausgerichtet sein. Zudem können nach Aufstellen des Plans gemeinsam als sinnvoll erachtete Zeitpunkte für Treffen vereinbart werden (z. B. zu Beginn und nach Abschluss eines Praktikums). Die im Plan enthaltenen Ziele und Wege werden von den Beteiligten im Zuge dessen wiederholt evaluiert. Der Übergangsplan ist somit kein einmalig entworfener, rigider Plan für den Übergang, sondern zeichnet sich durch Flexibilität und bedarfsorientierte Strukturen aus. Damit soll die Transitionsplanung auch dem Prozesscharakter von Übergängen gerecht werden. Um einen nachhaltigen Übergang zu ermöglichen, sieht es der Plan vor, den*die Jugendliche auch nach dem Unterzeichnen eines Ausbildungs- oder Arbeitsvertrages so lange wie nötig weiter zu begleiten, denn »das Finden eines Arbeitsplatzes ist allein kein ausreichender Parameter, an dem sich ein Erfolg festmachen ließe« (ebd., S. 35).

In der Transitionsplanung werden Heterogenität und Diversität der Jugendlichen anerkannt und als Ressource für den Übergang und das spätere Berufsleben angesehen. Demnach gilt es, eine Sensibilität im Hinblick auf verschiedene Differenzkategorien wie Geschlecht, Herkunft, Religion, Kultur etc. zu bewahren und auch mögliche, dadurch bedingte Verhinderungen und Erschwernisse zu reflektieren und strukturell zu bearbeiten, um Chancengerechtigkeit zu ermöglichen (ebd., S. 27; vgl. hierzu auch Trainor, 2017). Unter anderem kommt es hierbei auch auf die Verwendung einer passenden Sprache während des Planungsprozesses an. Die individuelle Transitionsplanung vereint die Leitziele Inklusiver Pädagogik und kann auch als bedeutsame Methode bzw. Instrument im Kontext einer schulischen inklusiven Berufsorientierung verstanden werden (Koch, 2015).

6.1.2 Persönliche Zukunftsplanung (PZP)

Der methodische Ansatz der Persönlichen Zukunftsplanung (PZP) kann als Weiterentwicklung der Konzeptionen des ›person centered planning‹ angesehen werden, die in den 1980er Jahren im englischsprachigen Raum ausgearbeitet wurden und wesentlich am Leitprinzip der Selbstbestimmung orientiert sind. Im Zentrum der Planungsansätze stehen die zukunftsorientierten Vorstellungen, Ziele und Unterstützungsmöglichkeiten von Menschen mit und ohne Behinderungen. Im Sinne einer Subjektorientierung gilt es im Rahmen der Persönlichen Zukunftsplanung somit, die individuellen Zukunftsvorstellungen zu ermitteln und in konkrete Ziele zu übersetzen, die dann mithilfe von individuellen und organisatorischen Ressourcen sowie Unterstützungskreisen des Gemeinwesens umgesetzt werden können. Dies hat zur Folge, dass Veränderungen nicht nur auf der Ebene der Person angestrebt werden, sondern auch auf der Ebene der Organisation und des Gemeinwesens (Doose, 2011, S. 3f.). Der Ansatz richtet sich dabei nicht allein auf Menschen mit Behinderung, Benachteiligungen oder Schwierigkeiten oder fokussiert allein den Übergang von der Schule in weitere Bildung oder Beruf, aber erscheint gerade für diese Lebensphase als bedeutsames Unterstützungstool.

Eine erfolgreiche Umsetzung ist dabei stets grundlegend von den jeweils aktuellen gesellschaftlichen Rahmenbedingungen abhängig. Gerade im Hinblick auf Menschen mit Behinderungen, die trotz Inklusionsbewegungen und -gesetzen aufgrund der Dominanz von segregierenden Sondersystemen auch heute noch oftmals stärker in ihren Wahlmöglichkeiten eingeschränkt sind, ist das Konzept der Persönlichen Zukunftsplanung vor allem mit den Leitgedanken des Empowerments, der Partizipation und der Selbstbestimmung verschränkt und zielt auf allgemeine gesellschaftliche Inklusion. Als weiteres Leitprinzip der Persönlichen Zukunftsplanung kann die Sozialraumorientierung gesehen werden. Diese nimmt gezielt die Möglichkeiten des sozialen und geographischen Nahraumes und Gemeinwesens in den Blick. Zentral für einen ge-

6.1 Methoden partizipativer Übergangs- und Berufswegeplanung

lingenden Übergang werden damit nicht nur die individuellen Voraussetzungen und Möglichkeiten, sondern auch die Vernetzung und Koordination persönlicher und sozialer Ressourcen.

Persönliche Zukunftsplanung kann als Gegenpol zu einer traditionellen institutionellen Hilfeplanung verstanden werden, in der eine Orientierung an Behinderungen, Defiziten und Bedürfnissen vorherrscht. Im Kontext Persönlicher Zukunftsplanung wird Behinderung soweit als möglich nicht als Einschränkung, sondern als Chance begriffen. Vor allem stehen nicht nur etwaige Behinderungen oder Benachteiligungen im Mittelpunkt des Planungs- und Begleitungsprozesses, sondern gemäß einem ganzheitlichen Verständnis werden die individuellen Persönlichkeiten mit ihren Interessen und Fähigkeiten vordergründig thematisiert. Langfristiges Ziel ist die Erweiterung der persönlichen Lebensqualität.

Damit wird auch das professionelle Aufgabenverständnis weg von einer alleinigen Benachteiligtenförderung und beruflichen Rehabilitation für Einzelne hingeführt zu einer Stärken- und Personenzentrierung und ist insofern für alle Jugendlichen von Bedeutung ist. In entscheidender Weise kommt es dabei zu einer Rollenumkehr im Unterstützungsprozess: nicht Unterstützungsperson oder institutionelle Angebote steuern die Pläne der Jugendlichen oder jungen Erwachsenen, sondern deren Pläne, Träume und Wünsche werden Anlass und Grundlage professioneller Unterstützung (Doose, 2011, S. 15ff.).

Personen- sowie Gemeinwesen- und Sozialraumorientierung, wie sie etwa der Ansatz der Persönlichen Zukunftsplanung vereint, können als grundlegende Elemente inklusionsorientierter Übergangsgestaltung betrachtet werden. Loeken und Windisch (2013, S. 36) geben an, dass mit dem Paradigmenwechsel von der Institutionenorientierung zur Personenzentrierung auch eine Veränderung professioneller Hilfe- und Unterstützungsleistung im pädagogischen und sozialarbeiterischen Feld einhergehe. Personenzentrierung mit dem Leitziel der Inklusion verabschiede sich von dem Anspruch, Menschen in bestehende Systeme zu integrieren und ihre Fähigkeiten im Hinblick auf bestimmte Arbeitsplätze anzupassen oder zu entwickeln:

> »Gefordert ist ein inklusionsorientiertes und ganzheitliches professionelles Handeln in der sozialen Unterstützung von Menschen mit Behinderung jenseits der nach wie vor herrschenden institutionenorientierten Hilfen sowie neben finanziellen Leistungen und informellen Hilfen durch soziale Netzwerke« (ebd., S. 36).

Es handelt sich um flexible Hilfen, die den jeweiligen Lebenslauf berücksichtigen und auf bestimmte, unterstützungsbedürftige Lebensbereiche fokussieren, statt unspezifische, allumfassende Hilfeleistungen zu forcieren (ebd.). Dies meint jedoch nicht eine heuristische Trennung von Lebensbereichen und -phasen. Vielmehr weisen Maßnahmen personenbezogener Hilfe auch »situations-bezogene[n], teilweise planende[n] und vernetzende[n] Charakter« (ebd.) auf. Dies kann beispielsweise geltend gemacht werden für Methoden der Biographiearbeit, die Persönliche Zukunftsplanung oder ITP Planung. Mit einer Koppelung von personenzentrierter und sozialraumorientierter Perspektive können Restriktionen und Chancen einer Person nicht isoliert, sondern stets in Anknüpfung an soziale und gesellschaftliche Gegebenheiten reflektiert werden. Dies bedeutet, die betreffende Person in ihrer Selbstbefähigung zu unterstützen, wobei der »Prozess des Empowerment [...] zunächst auf der individuellen Ebene angesiedelt ist und sich von dort aus bis hin zur strukturellen Ebene des Gemeinwesens [...] und der Gesellschaft [...] erstrecken kann« (ebd., S. 37). Eine Neuausrichtung von Unterstützungsangeboten fokussiert dementsprechend darauf,

> »dass sie auf die Überwindung der tradierten Institutionenorientierung der Hilfen und der Orientierung an Defiziten der Menschen mit Behinderung, des lebenslangen Förderprinzips sowie der professionellen Expertenmacht zugunsten von begleitender Unterstützung, Dialog und Assistenz abzielen. Dabei sind zentrale gemeinsame Maßstäbe: Respekt vor den Bedürfnissen und Wünschen, die Entscheidungskompetenz und (Selbst)Verantwortung, die Mobilisierung von Ressourcen, die Partizipation und Gleichstellung sowie soziale Inklusion der Adressat/inn/en personenbezogener Hilfeleistungen.« (ebd., S. 38)

Eine wesentliche Erfolgsbedingung für Persönliche Zukunftsplanung ist, dass es zumindest eine Person gibt, die als Koordinator*in oder Case-Manager*in informiert, konkrete Wahlmöglichkeiten aufzeigt und bei der Realisierung den Plan kontinuierlich im Auge behält. Zudem gibt es eine große Anzahl an organisatorischen Anbindungsmöglichkeiten von Persönlicher Zukunftsplanung. So können die fundamentalen methodischen Ansätze beispielsweise in Schulen, Beratungsstellen, Arbeits- und Werkstätten, Wohngruppen, Freizeitangeboten, der Familie und im Freundeskreis umgesetzt werden. Oftmals eröffnen sich in diesem Zusammenhang auch bereichs- und personenübergreifende Unterstützungskreise zusätzlich als neuralgische Punkte für Persönliche Zukunftsplanung (Doose, 2011).

6.2 Schulische Handlungskonzepte und Methoden der Berufsorientierung und Berufsvorbereitung

6.2.1 Inklusive schulische Berufsorientierung und -vorbereitung

»Berufsvorbereitung, worunter die Berufsberatung und -orientierung zu subsummieren sind, bilden wesentliche Elemente in den Phasen der beruflichen Entscheidungsfindung und Realisierung; sie verfolgt das Ziel, Jugendliche über die verschiedenen Ausbildungswege nach der Pflichtschule zu informieren und abzuklären, welche beruflichen Möglichkeiten den Jugendlichen offenstehen.« (Biewer & Fasching, 2014, S. 130)

Unter die schulische Berufsorientierung können eine Vielzahl von Maßnahmen mit unterschiedlichem Ausmaß versammelt werden, deren gemeinsame Aufgabe die Vorbereitung auf den Übergang von der Schule in Ausbildung oder Beruf umfasst. Wie sich diesbezügliche schulische Maßnahmen gestalten, kann dabei auf Bundeswie auch auf Länderebene variieren. Nicht zuletzt werden gerade inklusiv gestaltete schulische Berufsvorbereitungsmaßnahmen oftmals im Rahmen von Schulversuchen oder Pilotprojekten umgesetzt. (Thielen, 2011, S. 8) Auch Zielsetzung und Erfolgsbestimmung ›guter‹ inklusiver Berufsorientierung unterliegen damit unterschiedlichen Auffassungen (Butz & Deeken, 2014, S. 97). Erfolg kann unter anderem die Anbahnung bestimmter arbeitsweltrelevanter Kompetenzen, die Unterzeichnung eines Arbeits- oder Ausbildungsvertrages oder auch die Information über Berufe und Ausbildungswege und die Auslotung beruflicher Vorstellungen bedeuten. Butz und Deeken (2014, S. 97f.) grenzen davon ein Verständnis von schulischer Berufsorientierung ab, das auf ein zugrundeliegendes pädagogisches Aufgabenverständnis rekurriert:

> »Auf der anderen Seite kann Berufsorientierung aber auch als pädagogischer Auftrag verstanden werden, Jugendliche zu befähigen, mit den Herausforderungen des ständigen Wandels in Arbeitswelt und Gesellschaft umzugehen, sich ihre Lebenschancen zu sichern sowie biografische Selbstkompetenz aufzubauen.«

Diese Begriffsauffassung distanziert sich deutlich von einer Berufsorientierung *als* Berufswahl oder Berufswahlvorbereitung (obwohl oft synonym verwendet). Berufs*wahl*orientierung oder *Berufswahlvorbereitung* vermittelt ein verkürztes Verständnis, da das alleinige Treffen einer Berufswahl der Komplexität des Übergangs in Ausbildung und Beruf nicht gerecht wird. Diese Komplexität ist bedingt durch den Übergang als »Schnittstelle zwischen der Arbeitswelt (1) und dem Bildungssystem (2) sowie den Partizipationsmöglichkeiten der Jugendlichen (3)« (Pool Maag, 2016, S. 601). Eine förderliche Verbindung dieser drei Aspekte kann als wesentliche Aufgabe von professionellen Akteur*innen in diesem Übergang bestimmt werden (ebd.).

Die schulische Berufsorientierung ist von der *Berufsqualifikation und der regulären Berufsausbildung (Lehrausbildung)* zu unterscheiden, welche bereits auf ein spezielles Aufgabenfeld ausgerichtet sind und dem Bereich des außerschulischen Berufsbildungssystem zugeordnet werden.

Struktur schulischer Berufsorientierung (am Beispiel Österreich)

In Österreich werden die Maßnahmen zur schulischen Berufsorientierung unter dem sogenannten IBOBB-Konzept (Information, Beratung und Orientierung für Bildung und Beruf) versammelt. Das Konzept umfasst drei Säulen:

- Berufsorientierung für Schüler*innen von 12 bis 14 Jahren
- Individuelle Beratung und Unterstützung bei Entscheidungsfindungen
- Realbegegnungen (z. B. berufspraktische Tage, Bildungs- und Berufsinformationsmessen).

Österreichische Schulen bringen das Grundmodell bestenfalls mit den standortspezifischen Gegebenheiten in Verbindung und entwickeln ein je schuleigenes Berufsvorbereitungsmodell, welches von den standortverantwortlichen Berufsorientierungs-Koordinator*innen umgesetzt sowie durch das Angebot der Schulpsychologie/Bildungsberatung flankiert wird (BMBWF, 2020, online).

Die erste Säule der Berufsorientierung wird dabei vor allem in der verbindlichen Übung ›Berufsvorbereitung‹ (7. und 8. Schulstufe) umgesetzt. Berufsorientierungskompetenzen, auch Career Management Skills genannt, werden hingegen als überfachliche Kompetenzen verstanden, die damit zur Querschnittsaufgabe aller Unterrichtsfächer werden (BMBWF, 2020, online). Als spezifisch berufsbezogene Kompetenzen werden etwa Berufsorientierungskompetenz, Berufsfindungskompetenz, Berufswahlkompetenz oder Bewerbungskompetenz genannt. Speziell gibt es auch das Berufsvorbereitungsjahr an Sonderschulen, welches die gesamte 9. Schulstufe umfasst.

Neben dieser gesetzlich verankerten Berufsorientierung an allen Schulen der Sekundarstufe I ist mit der Polytechnischen Schule eine spezielle Form der Berufsorientierung vorhanden, die es Schüler*innen bei noch ungewissen Aussichten oder Vorstellungen nach Abschluss der Sekundarstufe I ermöglichen soll, im Rahmen eines weiteren Schuljahres unterschiedliche Berufsfelder zu erproben und ausbildungsspezifische Fähigkeiten zu erwerben. Nentwig (2018, S. 28) benennt im Rahmen ihrer Forschungsarbeit drei grundsätzliche Säulen, auf denen schulische Berufsorientierung idealtypisch basiert:

1. subjektive Berufsorientierung, bei der eine positive Haltung der Jugendlichen zur Berufs- und Arbeitswelt angestrebt wird,
2. arbeitsweltbezogene Allgemeinbildung,
3. allgemeine Berufsorientierung von Bildungsinhalten und Unterrichtsmethoden, um Berufsorientierung als Querschnittsaufgabe zu verankern.

Verantwortung von Schule und Lehrer*innen in der Berufsorientierung

Berufs*orientierung* ist im Besonderen als *schulische* Aufgabe zu bestimmen, da die Schule in ihrer traditionellen Rolle als Zertifizierungsinstanz nicht mehr zur Bewältigung der Herausforderungen hinreicht, mit denen sich Schüler*innen im Zuge des Übergangs konfrontiert sehen. Koch (2015, S. 5) konstatiert etwa, dass »die Vergabe von Schulabschlüssen allein nicht ausreicht, Jugendliche bei ihrer Entscheidung über den weiteren beruflichen oder schulischen Werdegang angemessen zu unterstützen«. Das (außerschulische) Übergangssystem, welches unterschiedliche Angebote und Maßnahmen umfasst, kann nicht als Ersatz für eine fundierte schulische Berufsorientierung angesehen werden, wenngleich es auf die Unterstützung von Jugendlichen und die Überbrückung von Leerlaufzeiten ausgelegt ist. Vielmehr wird es als »Warteschleife« (Ginnold, 2008) wahrgenommen, die den Anschluss an weitere schulische Bildung oder den Einstieg in berufliche Bildung und Ausbildung verzögert, da keine spezifische Berufsqualifizierung oder -ausbildung angeboten wird. Besonders für Schüler*innen mit Schwierigkeiten im Übergang weist dieses System eine ambivalente Bedeutung auf: Wo es auf der einen Seite Unterstützung hinsichtlich fundierter Entscheidungen und biographischer

6.2 Schulische Handlungskonzepte

Selbstreflexion bieten und durch hilfreiche Kooperation und Netzwerkarbeit assistieren kann, kann auf der anderen Seite ein Pendeln von Maßnahme zu Maßnahme einen übermäßig langen Verbleib in diesem System zur Folge haben:

> »Jugendliche aus Risikogruppen verbleiben überproportional häufig im sogenannten Übergangssystem, einem Teilbereich des Berufsbildungssystems und Konglomerat von Bildungsangeboten, das berufsvorbereitende und sozial stabilisierende Aufgaben wahrnimmt und keine beruflichen Abschlüsse vermittelt.« (Schmidt, 2014, S. 394)

Berufsorientierung in einem inklusiven und ganzheitlichen Sinn ist nicht als alleinige Förderung von Schüler*innen mit (voraussichtlichen) Schwierigkeiten im Übergang zu verstehen, sondern als Aufgabe *aller* Schulformen, die sich an *alle* Schüler*innen richtet:

> »Zu thematisieren sind Möglichkeiten der Strukturierung und Gestaltung des eigenen Lebens unter Einbezug aller Lebensumstände; eine Perspektive, die auch für Regelschülerinnen und -schüler aller Schulformen von Relevanz ist, da auch sie zunehmend mehr Flexibilität und Weitsicht in ihrer Zukunftsplanung beweisen müssen« (Nentwig, 2018, S. 31).

Dabei erschöpfen sich schulische berufsorientierende Maßnahmen nicht in der Information bezüglich Beruf und Berufsgruppen. Vielmehr stehen die Schüler*innen mit ihren Wünschen, Interessen und Fähigkeiten selbst im Mittelpunkt. Insofern setzt sich Berufsorientierung auch mit Vorurteilen gegenüber Berufen auseinander (z. B. Genderkonformität, die sich in den Bezeichnungen ›Männer‹- und ›Frauenberuf‹ verdeutlicht) und versucht, die Jugendlichen darin zu stärken, eine eigene Perspektive zu entwickeln und diese von den Wünschen anderer zu differenzieren. Der Berufswahlprozess wird damit zu einem selbstbestimmten Prozess, in dem Jugendliche eigene Perspektiven für ihr (berufliches) Leben entwickeln können. Dies geht einher mit einem »Paradigmenwechsel in der Berufsorientierung: weg von der beruflichen Beratung – hin zur Förderung des beruflichen Selbstkonzepts« (Butz & Deeken, 2014, S. 100). Beratung wird zunehmend von außerschulischen Trägern angeboten und kann (zumeist auf Eigeninitiative der Schüler*innen) freiwillig in Anspruch genommen werden. Berufsorientierung ist also nicht einseitig dahingehend zu verstehen, dass sie den Interessen und der Logik des Arbeitsmarktes folgt und dessen Bedarf an die Schüler*innen weiterkommuniziert. Das bedeutet, dass die Jugendlichen als »Subjekt der Berufsorientierung und nicht Objekt gesellschaftlicher Anforderungen« (Butz & Deeken, 2014, S. 101) gesehen werden (subjektorientierte Berufsorientierung). Schulische Berufsorientierung bewegt sich damit in einem Spannungsfeld zwischen der Befriedigung der Interessen des Arbeitsmarktes und der Anleitung von Schüler*innen zur Entfaltung individueller Fähigkeiten und Interessen, »auf einem Kontinuum zwischen Zielen der Individual- und Arbeitsmarktperspektive« (Nentwig, 2018, S. 60).

Neben der schulischen Konzeption und Umsetzung kommt auch den einzelnen Lehrpersonen eine bedeutsame Rolle in diesem Prozess zu. Dies meint nicht nur jene Lehrpersonen, die in diesem Bereich eine besondere Funktion haben (z. B. Bildungs- und Berufsberater*innen), sondern bezieht die Mitwirkung von Lehrer*innen aller Fächer mit ein, insofern Berufsorientierung als Querschnittsaufgabe von Schule und Unterricht verstanden wird. Nentwig untersucht die professionelle Handlungskompetenz von Lehrer*innen im Kontext inklusiver Berufsorientierung und verweist dabei auf die Schlüsselrolle, die diese innehaben:

> »Das Engagement der Lehrpersonen bzw. ihre Bereitschaft zur Mitarbeit im Aufgabenfeld der inklusiven Berufsorientierung als Basis ihres professionellen Handelns bilden den Schlüssel einer gelingenden Berufsorientierung, im Sinne der Vorbereitung der Jugendlichen mit und ohne Unterstützungsbedarf auf den Übergang in die nachschulische Lebens- und Arbeitswelt.« (Nentwig, 2018, S. 18f.)

Strukturelle Qualitätsmerkmale einer inklusiven Berufsorientierung

Inklusive Berufsorientierung ist in den Leitprinzipien Inklusiver Pädagogik (▶ Kapitel 4) verankert. Als gesamtschulische Aufgabe richtet sie sich an alle Schüler*innen, wenngleich sie auch auf den speziellen Unterstützungsbedarf bestimmter Schüler*innengruppen eingeht. In einem intersektionalen Verständnis werden dabei die besonderen Lebenslagen und Herausforderungen reflektiert, denen sich diese Schüler*innen aufgrund bestimmter Differenzkategorien gegenübergestellt sehen. Sie reflektiert Differenzen, die aus sozialen Kategorisierungen hervorgehen und damit einhergehenden systemischen und institutionellen Benachteiligungen und Einschränkungen individueller Handlungsfähigkeit sowie auch Möglichkeiten, diesen sich so ergebenden Benachteiligungen im Übergang zu begegnen:

> »Vor diesem Hintergrund darf sich inklusive Berufsorientierung nicht auf einen Personenkreis und dessen individuelle Merkmale beschränken. Sie muss vielmehr auch die Differenzkategorien, die sich im Feld der Berufsorientierung als Exklusionsrisiken darstellen und somit zu sozialen Selektionsprozessen beitragen, kritisch beleuchten« (Sponholz & Lindmeier, 2017, S. 287).

Inklusive Berufsorientierung bewegt sich damit auch in einem Spannungsfeld zwischen der Perspektive des Systems, das Handlungsräume und berufliche Teilhabe erweitert oder begrenzt, und der Perspektive individueller Handlungsfähigkeit und Handlungsmöglichkeit. Sie verfährt damit auf drei Tätigkeitsebenen, die mit Butz und Deeken (2014, S. 102) als »Wissensebene«, »Handlungsebene« und »Reflexionsebene« bezeichnet werden können.

Inklusive Berufsorientierung bezieht sich auf alle Schulen und Schultypen. Dies meint nicht die Verordnung allgemeiner Vorgaben, die von jeder Schule umzusetzen sind, sondern verweist im Gegenteil auf die Notwendigkeit eines standortgebundenen, für die jeweilig Beteiligten passenden Konzeptes. Hierbei wird in der Forschung auf die Bedeutsamkeit einer ganzheitlichen und integrativen schulischen Umsetzung verwiesen: »Es geht nicht um die Addition möglichst vielfältiger Zusatzmaßnahmen, sondern um ein fundiertes und differenziertes Berufsorientierungscurriculum mit Anbindung an alle Jahrgänge und Fächer« (Nentwig, 2018, S. 76f.). Dies umfasst etwa auch eine Erhöhung der Anzahl von Berufsvorbereitungsstunden bei integrativer Beschulung, da hierbei integrativ beschulte Jugendliche im Vergleich zu jenen, die eine Sonderschule besuchen, oftmals nicht die notwendige Unterstützung erfahren und ins Hintertreffen geraten (Biewer & Fasching, 2014, S. 131f.).

Im Zuge eines solchen Gesamtkonzeptes gilt es auch, unterschiedliche Perspektiven sinnvoll zu vernetzen. Dies meint auf der einen Seite die Einbeziehung des für den*die Jugendliche*n bedeutsamen sozialen Umfelds (z.B. Eltern). Auf der anderen Seite profitiert Berufsorientierung vor allem auch von der multiprofessionellen Zusammenarbeit schulischer und außerschulischer professioneller Akteur*innen (Sozialarbeit, Schulpsychologie, Jugendcoaching, Arbeitsassistenz etc.). Diese fungieren ebenso als wesentliche Gate-Keeper*innen für das Schul- und Berufsbildungssystem.

Zuletzt sei in dieser Hinsicht auch die Kooperation von Schule und Arbeitsmarkt selbst angesprochen, die sich in Verträgen mit verschiedenen Firmen oder Unternehmen äußert.

Inklusive Berufsorientierung umfasst/richtet sich an ...

- alle Schulen und Schultypen
- alle Schüler*innen
- alle Jahrgänge
- alle Fächer
- verschiedene Berufsgruppen und Akteur*innen (Kooperation).

Die Auseinandersetzung mit und das Gewahrwerden über den eigenen weiteren schulischen oder beruflichen Bildungsweg kann als langandauernder Reflexionsprozess verstanden werden. Der Übergang von der Schule in weitere Bildung, Ausbildung oder Beruf ist mit einer Reihe von Entscheidungen verknüpft, deren Anbahnung durch unterschiedliche Einflüsse geprägt werden. So werden Überlegungen angestellt, Ideen verändert und Pläne verworfen. Diesem Selbstreflexionsprozess muss eine schulische Berufsorientierung, will sie von nachhaltiger Bedeutung sein, gerecht werden. Inklusive Berufsorientierung ist damit nicht nur als punktuelle Maßnahme zu betrachten, sondern hat begleitenden Charakter. Sie verfährt nicht nur ergebnis-, sondern auch prozessorientiert.

Mit der begleitenden und beratenden Tätigkeit der professionellen Akteur*innen geht auch die Aufgabe einher, die vielfältigen Anschlussmöglichkeiten für alle Schüler*innen in angemessener Weise zu thematisieren. Das meint vor allem auch, Schüler*innen mit Schwierigkeiten im Übergang oder jene, die davon gefährdet sind, zu fundierten Entscheidungen zu verhelfen anstatt nach schnellen Lösungen zu suchen. Von zentraler Bedeutung ist es deshalb, Jugendlichen in verschiedene Richtungen hin Unterstützung anzubieten und ihnen im Sinne des Empowerments und der Selbstbestimmung dazu zu verhelfen, selbst reflektierte Entscheidungen zu fällen und realistische Ziele zu setzen. Diese Prinzipien spiegeln sich auch in der methodischen Herangehensweise wider und sind etwa in Formen der ITP-Planung, der Persönlichen Zukunftsplanung und Unterstützungskreisen besonders bedeutsam (▶ Kap. 6.1). Von einer solchen Beteiligung der Nutzer*innen kann auch die Qualitätsentwicklung schulischer Berufsvorbereitung profitieren. Dem Entscheidungsfindungsprozess liegt nicht der Fokus auf persönliche Defizite oder Unzulänglichkeiten zugrunde, sondern die Exploration individueller Stärken. Als begleitendes Reflexionstool und methodische Grundlage inklusiver Berufsorientierung ist besonders die Portfolioarbeit zu nennen, wobei hier etwa der Berufswahlpass ein hilfreiches Instrumentarium darstellen kann (▶ Kap. 6.2.2).

Neben dem in der Schule stattfindenden Unterricht wird zunehmend die Bedeutung konkreter Erfahrung in der Arbeitswelt betont (Nentwig, 2018) und als wesentliches Qualitätsmerkmal schulischer Berufsorientierung gesehen (ebd., S. 51). Der Arbeitsweltbezug kann im Sinne von partizipativ und handlungsorientierter Berufsorientierung vor allem durch Berufspraktika hergestellt werden (ebd.). Diese spielen eine wichtige Rolle, um erste Vorstellungen vom gewünschten Beruf(sbereich) zu erhalten, die eigenen Interessen zu erkunden und zu entwickeln sowie Fähigkeiten zu erproben. Sie stellen demnach eine zentrale Erfahrungsgrundlage in der Vorbereitung des nachschulischen Übergangs und der Berufswahl dar.

Weitere Möglichkeiten, um betriebliche Abläufe kennenzulernen, sind etwa Schülerfirmen oder dislozierter Unterricht (vgl. u. a. Niedermair, 2005). Es erscheint dabei sinnvoll, Praxiserfahrungen nicht abgekoppelt vom schulischen Unterricht (z. B. in den Ferien) zu empfehlen, sondern sie als Bestandteil der Berufsorientierung zu verankern und die außerschulischen und betrieblichen Erfahrungen im Unterricht vor- und nachzubereiten. Von diesem Lebens- und Arbeitsweltbezug profitieren besonders auch Schüler*innen mit SPF oder erhöhtem Unterstützungsbedarf (Nentwig, 2018, S. 51f.).

> »Mehrere oder längere Praktika sind derzeit nur als Schulversuche möglich. Damit fehlt den Jugendlichen meist eine beständige, über ›Schnuppermodelle‹ hinausgehende Vergleichs- und Abklärungsmöglichkeit zwischen ihren Vorstellungen und den Anforderungen in den Betrieben. Die geringe Anzahl an Praktika während der letzten Schuljahre verhindert eine realistische und praxisnahe Berufswahlerprobung.« (Biewer & Fasching, 2014, S. 131)

Für eine selbstbestimmte Berufswahl, eine größere Praxisorientierung und einen nachhaltigeren Passungsprozess wäre demnach eine Erhöhung der Anzahl der Praktika und eine Einbindung dieser in die schulische Berufsorientierung anzustreben (ebd., S. 132).

Bedeutsam für das Gelingen inklusiver Berufsorientierung ist ebenso ein Verständnis darüber, dass Bildungs- und Berufsentscheidungen stets auch aus der Position einer Person im sozialen Raum getroffen werden (► Kap. 3.2.2). Das familiäre Umfeld, Peers und Lehrpersonen prägen also in entscheidender Weise die Bildungsaspirationen oder auch die Einstellung gegenüber bestimmten Berufen und Berufsgruppen. Mit der Verfestigung der sozialen Position geht auch ein bestimmter Habitus einher, den eine Person einnimmt. Der von Bourdieu geprägte Begriff kann verstanden werden als »System[.] dauerhafter Positionen« (Bourdieu, 1976, S. 165), also ständige Denk- und Handlungsmuster. Ein bestimmter Habitus kann im Kontext von Berufsentscheidungen beispielsweise dazu führen, dass sich Jugendliche aus bildungsärmeren Familien die erfolgreiche Bewältigung einer weiterführenden Schule nicht zutrauen und diese Möglichkeit bereits vorweg verwerfen. Im

6.2 Schulische Handlungskonzepte

Zuge inklusiver Berufsorientierung gilt es, diese unterschiedlichen Denk- und Handlungsmuster von Schüler*innen wahrzunehmen, zu reflektieren und womöglich mit den Schüler*innen gemeinsam an der Veränderung hinderlicher Strukturen zu arbeiten. Sponholz und Lindmeier (2017, S. 293f.) sprechen in diesem Zusammenhang von »Habitussensibilität« und »Habitustransformation« als Eckpfeiler schulischer Berufsorientierung.

Schulische Berufsorientierung ist auf mehreren Ebenen selbstreflexiv: »Reflexion und Evaluation sollte alle Ebenen der Berufsorientierung betreffen: das schuleigene Konzept, dessen praktische Umsetzung, eingesetzte Instrumente und bestehende Kooperationen« (Nentwig, 2018, S. 74). Beständige Selbstreflexion und Evaluation führen dabei nicht nur zu Nachhaltigkeit im schulischen Konzept, sondern zeigen sich auch in der Nachhaltigkeit gelingender Übergänge von Schüler*innen.

Inklusive Berufsorientierung ist ...

- prozessorientiert
- subjektorientiert
- lebenslagenorientiert und habitussensibel
- ressourcenorientiert
- kooperativ
- stärkenorientert
- methoden- und praxisorientiert.
- selbstreflexiv.

Mit der Anerkennung von Heterogenität in der Schülerschaft korreliert auch eine Anerkennung vielfältiger, individuell verschiedener Anschlüsse an die Sekundarstufe I. Insgesamt soll im Rahmen dieses veränderten und individuellen Verständnisses, dem ein heterogenes Bild der Schüler*innen mit und ohne sonderpädagogischen Unterstützungsbedarf zu Grunde liegt, die »Akzeptanz der Vielfalt möglicher Anschlusswege« (ebd., S. 57) im Vordergrund stehen. Demnach stellt auch das Einmünden in Übergangsmaßnahmen nach der Pflichtschule kein Scheitern dar und ist im Kontext eines inklusiven Berufsorientierungsunterrichtes als möglicher Zwischenschritt auf dem Weg in die Berufsvorbereitung anzuerkennen. Die Unübersichtlichkeit über die einzelnen Angebote im außerschulischen Übergangssystem haben jedoch oftmals Orientierungslosigkeit und das Verleiten zu Umwegen anstatt eines glatten Übergangs in die Berufsausbildung und schließlich den Arbeitsmarkt zur Folge (Ginnold, 2008). Eine umfassende Berufsorientierung beinhaltet demnach ebenso eine Orientierung bezüglich Maßnahmen und Angeboten des Übergangssystems, ohne dabei die Bedeutsamkeit dieses schulischen Unterrichts zu dezimieren (Nentwig, 2018, S. 57). Die Anerkennung von Vielfalt bezieht sich auch auf die individuell unterschiedliche zeitliche Dimension eines inklusiven Überganges. So kann die Annahme, schulische Berufsorientierung wäre zeitlich lediglich an den (ersten) Übergang nach der Sekundarstufe I gebunden, zugunsten eines Bewusstseins für lebenslange berufliche Orientierungsprozesse überwunden werden.

Auch anderenorts finden sich umfassende Ausführungen zu Struktur- und Qualitätsmerkmalen schulischer Berufsorientierung. Nentwig (2018) stützt sich in ihrer Arbeit auf die fünf Qualitätsdimensionen nach Butz (2008) für eine ganzheitliche Berufsorientierung (integriert, stärkenorientiert, kooperativ, methodisch reformiert, reflexiv), auf denen aufbauend sie ein Verständnis ganzheitlicher, inklusiver Berufsorientierung entfaltet. Butz und Deeken (2014) beleuchten im Besonderen Aspekte subjektorientierter Berufsorientierung, während sich Koch (2015) am Index for Inclusion orientiert und darin enthaltene Indikatoren auf die Berufsorientierung umlegt, um so Kriterien für Berufsorientierung in der Inklusion zu entwickeln. Es ist jedoch festzuhalten, dass sich subjektbezogene, ganzheitliche und inklusive Berufsorientierung wechselseitig aufeinander beziehen und Hand in Hand gehen.

Zielsetzungen inklusiver schulischer Berufsorientierung

Wenn auch Teil des Unterrichts, so geht inklusive Berufsorientierung über das Verständnis einer alleinigen Sicherung von Kompetenzen hinaus und grenzt sich von der Attestierung eines entwicklungsbezogenen, binären Reifegrades (Ausbildungs-, Berufs- oder Berufswahlreife) ab.

Eine hohe Vermittlungsquote steht nicht im Zeichen nachhaltiger Berufsorientierung und reicht damit als Zielkriterium nicht aus. Wie Nentwig (2018, S. 25) belegt, würden »Hauptschwierigkeiten nicht nur im Finden eines Ausbildungs- bzw. Beschäftigungsverhältnisses [...], sondern auch in hohen Abbruchquoten, die auf eine mangelnde Vorbereitung und fehlendes Wissen bei der Entscheidung für einen beruflichen Zweig bzw. Beruf hindeuten [liegen]«. Im Sinne einer inklusiven, ganzheitlichen Berufsorientierung gilt es folglich, »die beiden Zieldimensionen, Persönlichkeitsentwicklung sowie Vorbereitung auf betriebliche, berufliche und arbeitsweltliche Anforderungen [...] in der Berufsorientierung auszutarieren« (Deeken & Butz, 2010, S. 23; in Nentwig, 2018, S. 59).

Als übergeordnetes Ziel kann ein inklusiver Übergang angesehen werden, der gegeben ist, »wenn alle Jugendlichen einen Anschluss finden und annehmen, der ihren Möglichkeiten in der Übergangssituation entspricht« (Koch & Textor, 2015, S. 106; in Nentwig, 2018, S. 53). In dieser Grundhaltung ist also dann von Erfolg die Rede, wenn durch den Berufsorientierungsunterricht die individuellen Chancen, Haltungen und Möglichkeiten der Einzelnen offengelegt werden. Explizit ist dieser erfolgreiche Übergang nicht mit dem direkten Einstieg in den ersten Arbeitsmarkt und einer Berufsausbildung gleichzusetzen.

6.2.2 Berufswahlpass (BWP)

Im Folgenden wird der Berufswahlpass als exemplarisches Instrument für die Realisierung inklusiver Berufsorientierung vorgestellt. Als spezifisches Instrument zur Berufs- und Studienorientierung wurde in Deutschland Anfang der 2000er Jahre der Berufswahlpass entwickelt. Als individualisierte Portfoliomethode konzipiert, dient der Pass dazu, die eigene Lernplanung zu unterstützen, gibt Orien-

6 Methoden, Handlungskonzepte und Unterstützungsmaßnahmen

tierung über Angebote zu Ausbildung und Beruf, kann zur Dokumentation eigener berufsbiographischer Erfahrungen genutzt werden, leitet Reflexionen zu eigenen Wünschen, Stärken und Zielen oder auch Praxiserfahrungen an und soll als Grundlage für fundierte Berufs- und Bildungsentscheidungen dienen. Es können darin Zeugnisse und Praktikumsberichte versammelt werden. Der Berufswahlpass ist insofern nicht nur als Instrument zur individuellen Bearbeitung zuhause gedacht, sondern auch als Stütze für schulischen Berufsorientierungsunterricht und außerschulische Vorbereitungsmaßnahmen sowie als Bewerbungsmappe zur Vorlage bei Firmen oder Betrieben vorgesehen (BAG Berufswahlpass, 2019, online).

Der Berufswahlpass gliedert sich in vier Bereiche:

- Angebote zur Berufsorientierung,
- Weg zur Berufswahl,
- Dokumentation sowie einen
- Lebensordner-Teil.

Das Portfolio vereint zudem Checklisten und Fragen zur Ermittlung eigener Stärken, Interessen und Kompetenzen. Dabei werden »[d]ie Jugendlichen [...] mit den Fragen nicht allein gelassen, sondern das Ergebnis der Lernplanung führt zu einem Beratungsgespräch, das protokolliert wird« (BAG Berufswahlpass, 2019, online). Der Berufswahlpass bietet zudem Ergänzungsmaterial in Form von Handreichungen für die Sekundarstufe I und II, Fallbeispielen, zusätzlichen Arbeitsblättern oder speziellen Modulen zur Orientierung für Jugendliche mit anderer Erstsprache. Als Erweiterung des manuellen Berufswahlpasses steht zudem eine Online-Version (berufswahlpass.online) zur Verfügung (ebd.).

Der Berufswahlpass wird als Instrument zur selbstgesteuerten beruflichen Orientierung ausgelegt, das sich vor allem für den frühzeitigen und längerfristigen Einsatz in der Schule eignet. Eine umfassende Einbindung in alle Unterrichtsfächer bzw. in ein gesamtschulisches Berufsorientierungscurriculum sowie eine Anleitung zur Verwendung des Passes bzw. seiner Teilbereiche werden als stützende Rahmenbedingungen für eine erfolgreiche Arbeit mit dem Pass beschrieben (ebd.).

Koch (2015) führt eine kriteriengeleitete Analyse des Instruments durch, wobei sie dessen Struktur und Zielsetzungen an zentralen Punkten des Index for Inclusion misst. Dabei gehe das Konzept zwar von einer heterogenen Schülerschaft aus und ziele auch auf das Einschlagen individuell passender Berufs- und Bildungswege ab, jedoch würde durch das offene, selbstgesteuerte Konzept ein hohes Maß an Selbstorganisation, Eigenmotivation und Selbstaneignung vorausgesetzt (Koch, 2015, S. 12). Wenn auch der Berufswahlpass durch sein offenes Konzept als inklusiv angesehen werden kann, da er von allen Jugendlichen genutzt werden kann, so ist das Maß an Offenheit jedoch mit den einzelnen Jugendlichen gemeinsam je nach Bedarf festzulegen, um so Selbstständigkeit zu fördern, ohne jedoch dabei zu überfordern. Damit wird erneut die wesentliche Bedeutung der Lehrperson(en) thematisch, die die Schüler*innen im Sinne einer inneren Differenzierung an die selbstständige Arbeit mit dem Berufswahlpass heranführen und begleiten. Inwiefern Kooperationen mit innerschulischen und außerschulischen Akteuren gelingen bzw. wie (gut) unterschiedliche Unterstützungsleistungen koordiniert werden, ist ebenso vom gesamtschulischen Berufsorientierungskonzept abhängig, das festlegt, welche Aufgaben in den Bereich professioneller Akteur*innen (Lehrer*innen, Berater*innen, Coaches etc.) fallen und welche Tätigkeiten den Jugendlichen selbst überantwortet werden (ebd., S. 13). Koch kommt dabei zu dem Schluss, dass das sich Konzept – als Grundlage für eine inklusive schulische Berufsorientierung zwar besonders eignen mag, sich jedoch »die Qualität der Umsetzung als Schulentwicklungsproblem darstellt und somit weniger auf der Ebene des Konzeptes, sondern mehr auf der Ebene der Qualität seiner Implementation, die sich an inklusiven Maßstäben orientiert, entscheidet« (ebd., S. 15).

Die grundlegend inklusive Orientierung des Konzeptes wird vor allem an seiner Prozess- und Personenorientierung deutlich. Der*-die Jugendliche ist selbst Expert*in für die eigene (Berufs-)Bildungsbiographie und soll durch Exploration und Reflexion beim Fällen einer passenden und fundierten Entscheidung unterstützt werden, welche nicht von primären Interessen des Arbeitsmarktes, elterlichen Wünschen, allein leistungs- bzw. notenbasierten Zuweisungen, idealisierten Berufsvorstellungen oder ›Notlösungen‹ überformt wird:

> »Entscheidend ist, dass keine vorzeitige Zuordnung der Jugendlichen zu den unterschiedlichen berufsbildenden Segmenten stattfindet. Ziel ist es vielmehr, dass sie dabei unterstützt werden, eine Wahl zu treffen, die ihren Potentialen entspricht« (Koch, 2015, S. 14).

6.3 Formen der Integrativen Berufsausbildung in Österreich

Die Integrative Berufsausbildung wird in Österreich durch das Berufsausbildungsgesetz (BAG) geregelt. Unter der Integrativen Berufsausbildung sind zusätzliche Formen der Dualen Ausbildung zu verstehen, die für Jugendliche, die keinen regulären Ausbildungsplatz am Ersten Arbeitsmarkt finden, eine Alternative darstellen sollen. Zielgruppe sind vor allem Jugendliche

- ohne bzw. mit negativem Abschlusszeugnis der letzten Pflichtschulklasse,
- mit Sonderpädagogischen Förderbedarf, die gemäß Lehrplan der Sonderschule unterrichtet wurden,
- mit Behinderung gemäß des Behinderteneinstellungsgesetzes,
- die aus anderen Gründen nicht durch das Arbeitsmarktservice (AMS) an einen regulären Ausbildungsplatz vermittelt werden konnten. (§ 8b Abs. 4 BAG)

Derzeit gibt es zwei Formen der Integrativen Berufsausbildung: die verlängerte Lehre sowie die Teilqualifizierung. Sie stellen keine eigenständigen Lehrausbildungen dar, sondern sind zeitliche bzw. inhaltliche Abwandlungen regulärer Berufsausbildungen und werden als Übereinkunft im Ausbildungsvertrag (Ausbildungsverhältnis mit verlängerter Lehrzeit bzw. Teilqualifizierung) festgehalten. Eine Integrative Berufsausbildung kann in Österreich nur nach Bescheinigung durch das Arbeitsmarktservice erfolgen (BMDW, 2021, online; Euroguidance Österreich, 2021, online).

6.3.1 Verlängerte Lehre

Diese Form der Integrativen Berufsausbildung stellt eine zeitliche Verlängerung einer Lehre um ein Jahr (im Ausnahmefall bis zu zwei Jahre) dar. Eine Verlängerung kann entweder zu Beginn der Berufsausbildung oder während der Ausbildungszeit vereinbart werden, wenn angenommen werden kann, dass die Ausbildung dann erfolgreich abgeschlossen werden kann. Der Abschluss entspricht der regulären Lehrabschlussprüfung. (§ 8b Abs. 1 BAG)

6.3.2 Teilqualifizierung

Die Teilqualifizierung (in Deutschland: modulare Berufsausbildung) steht für Jugendliche zur Verfügung, die voraussichtlich nicht in der Lage sind, eine reguläre Berufsausbildung abzuschließen. Es handelt sich dabei um eine inhaltlich gekürzte Berufsausbildung, bei der nach Vereinbarung mit Betrieb und unter Begleitung der Berufsausbildungsassistenz nur bestimmte Teile der Inhalte, Kenntnisse und Fertigkeiten des jeweiligen Berufsbildes vermittelt werden (gegebenenfalls mit Ergänzung durch Teile anderer Berufsbilder). Der Besuch einer Berufsschule ist dabei optional. Auch diese Ausbildungsform kann vor oder während der Ausbildungszeit vereinbart werden. Die festgelegten Teilqualifikationen und die Dauer der Ausbildung sind in der Ausbildungsvereinbarung festgehalten.

6 Methoden, Handlungskonzepte und Unterstützungsmaßnahmen

Die Ausbildungsform der Teilqualifizierung ermöglicht keinen regulären Ausbildungs- oder Lehrabschluss, sondern schließt mit einer Abschlussprüfung und dem Erhalt eines Zertifikats ab. Allerdings können bei abgeschlossener Teilqualifizierung Ausbildungszeiten im Rahmen einer regulären Lehre angerechnet werden (§ 8b Abs. 2 BAG).

6.3.3 Überbetriebliche Lehre

Finden Jugendliche, die eine Berufsausbildung beginnen möchten, auch nach intensiver Suche keinen Ausbildungsplatz, besteht in Österreich die Option einer überbetrieblichen Lehrausbildung. Die allgemeine duale Ausbildung, Teilqualifizierung oder verlängerte Lehre kann damit auch in dieser Form absolviert werden. Hierbei wird die Berufsausbildung nicht bei einer Firma mit einem Anstellungsverhältnis absolviert, sondern an bestimmten Instituten oder Trägern, die die Ausbildungsmöglichkeit der überbetrieblichen Lehre anbieten. Das Absolvieren von Praktika in unterschiedlichen Betrieben ist Teil dieser Ausbildungsform. Die Träger haben dabei einen Vermittlungsauftrag und sind angehalten, die Jugendlichen während der Ausbildungszeit weiterhin bei der Suche nach einem betrieblichen Ausbildungsplatz zu unterstützen. Die Überbetriebliche Lehre endet, sobald ein Ausbildungsplatz in einem Unternehmen gefunden wird oder, falls das nicht möglich ist, mit der Lehrabschlussprüfung. Berufserfahrung erhalten junge Menschen bei dieser Ausbildungsform entweder in Kooperationsbetrieben oder beim Träger der überbetrieblichen Lehre selbst. Im Zuge oder nach Abschluss einer überbetrieblichen Lehre stehen junge Menschen jedoch erneut vor der Herausforderung, in ein betriebliches Anstellungsverhältnis einzumünden (§ 8c u. § 30 BAG).

6.4 Maßnahmen des Übergangssystems zur Berufsorientierung, Berufsvorbereitung, Ausbildungsqualifizierung und Unterstützung im Beruf[8]

Beim Übergang von der Schule in den Beruf verfügt Österreich über ein stark ausdifferenziertes Maßnahmen- und Angebotsspektrum mit zahlreichen Unterstützungsmaßnahmen nicht nur in, sondern auch außerhalb der Schule, die durch eine Vielzahl an Akteur*innen angeboten werden (Arbeitsmarktservice, Sozialministeriumsservice, Schulen, diverse Trägerorganisationen, Koordinierungsstellen auf Länder- und Bundesebene, Dachverband berufliche Integration). Primäres Ziel dieser Maßnahmen ist es, insbesondere benachteiligte junge Menschen auf ihrem Weg in die Arbeitswelt durch berufliche Orientierung, Nachreifung und Qualifizierung bestmöglich zu unterstützen (Fasching et al., 2020, S. 315). Eine Schlüsselrolle kommt dabei dem ›Netzwerk Beruflicher Assistenz‹ (NEBA) zu, das im Auftrag des Sozialministeriumsservice (SMS) die wichtigsten Projekte und Aktivitäten im Bereich der Beratung, Betreuung und Begleitung von behinderten und anderen ausgrenzungsgefährdeten Jugendlichen unter dem Label der ›NEBA-Leistungen‹ bündelt und in enger Zusammenarbeit mit wichtigen strategischen Partnern (z. B. Arbeitsmarktservice, AusBildung bis 18, regionale Koordinierungsstellen, Schulen, Unternehmen) umsetzt. Die außerschulischen Maßnahmen des Übergangssystems sind damit Teil des Berufsbildungssystems (im Gegensatz zum Schulbildungssystem). Das kostenlose NEBA-Angebot umfasst aktuell sechs Maßnahmen mit unterschiedlichen inhaltlichen Schwerpunkten, Zielen und Zielgruppen, die alle die Unterstützung eines inklusiven Übergangsprozesses von der Schule in Ausbildung und Beschäftigung als gemeinsames Ziel verfolgen. Die Angebote setzen teilweise

---

8 Einzelne Teile dieses Kapitels sind Fasching (2018) entnommen.

bereits während der Pflichtschulzeit ein und bieten auch längere Zeit nach dem Beginn einer Berufsausbildung Unterstützung und Begleitung. Ihrer Funktion nach finden sich unter den NEBA Maßnahmen Angebote zur beruflichen Orientierung und Berufswahlunterstützung, Angebote zur Nachqualifizierung sowie begleitende Unterstützungsangebote während der Berufsausbildung und nach deren Abschluss im Beruf. Die Zusammenarbeit zwischen Berufsberatung, Schule und Lehrbetrieben wird hierbei auf ›Fallebene‹ durch Mitarbeiter*innen der je zuständigen Unterstützungsdienstleistung koordiniert. Nicht zuletzt aufgrund der bundesweiten Umsetzung kommt den NEBA-Maßnahmen eine wichtige Funktion im Übergang Schule-Beruf zu.

6.4.1 Jugendcoaching (ehem. Clearing)

Mit der Maßnahme des Jugendcoachings wurde eine individualisierte, schulexterne und nicht direkt dem Arbeitsmarktservice zugehörige Beratungsdienstleistung entwickelt, die bereits im letzten Schuljahr der Sekundarstufe I ansetzt und seit ihrer Einrichtung international große Aufmerksamkeit und Anerkennung hervorgerufen hat.

Das Jugendcoaching wendet sich dabei in erster Linie an abbruchs- bzw. ausgrenzungsgefährdete Jugendliche zwischen 15 und 19 Jahren und an Jugendliche mit Behinderung oder sonderpädagogischem Förderbedarf unter 24 Jahren. Ziel ist die Verhinderung eines frühzeitigen Schul- oder Ausbildungsabbruchs und die Erhöhung der Arbeitsmarktchancen durch eine umfassende und professionelle Beratung und Begleitung sowie auf das Individuum abgestimmte Unterstützungspakete. Im Vordergrund steht insbesondere die Unterstützung bei der Zukunftsplanung und bei den in diesem Zusammenhang zu setzenden Schritten (Berufsorientierung, Entscheidungsfindung, Lehrstellensuche, etc.). Darüber hinaus geht es auch um die persönliche und soziale Stärkung von Jugendlichen sowie um Hilfestellung beim Umgang mit individuellen Schwierigkeiten und Herausforderungen.

Je nach Unterstützungsbedarf kann das Angebot des Jugendcoachings in drei aufeinander aufbauenden Stufen absolviert werden: Auf Stufe 1 finden beratende Erstgespräche statt, in denen auch allgemeine Kurzinformationen zum Angebot weitergegeben werden. Stufe 2 richtet sich an Jugendliche, die mit der eigenständigen Organisation weiterer Schritte überfordert sind und eine vertiefende Beratung benötigen (maximal sechs Monate). In Stufe 3 werden Jugendliche durch eine intensive Begleitung im Sinne eines Case Managements unterstützt (maximal ein Jahr). Diese Stufe umfasst die Erstellung eines Neigungs- und Fähigkeitsprofils und die gemeinsame Ausarbeitung von Zielen sowie von sinnvollen Fördermaßnahmen. Zentrale Aktivitäten sind hierbei die Erstellung eines Neigungs- und Eignungsprofils sowie die Durchführung einer Stärken- und Schwächenanalyse, die Abklärung eines Nachqualifikationsbedarfs, das Aufzeigen von beruflichen Perspektiven und die Erstellung eines Karriere- und Entwicklungsplanes.

In ihrer Funktion als Case Manager*innen und Koordinator*innen für den Übergang entlasten Jugendcoaches auch in erheblichem Maße die Kooperation zwischen den Lehrkräften und Eltern und strukturieren mit ihren Aktivitäten auch die Zusammenarbeit von Schule und Elternhaus (SMS, 2021, online).

6.4.2 AusbildungsFit (ehem. Produktionsschule)

Die Maßnahme AusbildungsFit (ehemals Produktionsschule; in Deutschland Berufsvorbereitungsjahr, Berufsgrundbildungsjahr oder Berufsfachschule) ist ein sogenanntes Brückenangebot zur Nachreifung und Qualifizierung für eine Berufsausbildung und richtet sich an Jugendliche bis zum vollendeten 21. Lebensjahr sowie an Jugendliche mit Behinderung bis zum vollendeten 24. Lebensjahr, die ihre Schulpflicht beendet haben und eine Berufsausbildung anstreben. Ziel ist in erster Linie die Vermittlung von nicht oder wenig vorhandenen Basisqualifikationen, Kulturtechniken und ›social skills‹. Durch seine betriebsähnliche Struktur vermittelt das Angebot bereits Einblicke in den Arbeitsalltag, zudem werden aber auch durch die Absolvierung von Praktika Einblicke in die Berufsausbildung in unterschiedlichen Bereichen gegeben. AusbildungsFit besteht aus Trainingsmodulen (praktische Übungen), Coachings (individuelle Begleitung während der gesamten Dauer der Produktionsschule), einer Wissenswerkstatt (Erwerb von Kulturtechniken und Techniken im Umgang mit neuen Medien) sowie sportlichen Aktivitäten (SMS, 2021, online).

6.4.3 Berufsausbildungsassistenz

Die Berufsausbildungsassistenz kommt im Rahmen einer Integrativen Berufsausbildung zum Tragen und begleitet Jugendliche über die gesamte Dauer einer verlängerten Lehre (max. 2 Jahre zusätzlich zur regulären Ausbildungszeit) oder einer Teilqualifikation, wobei bestimmte Voraussetzungen erfüllt sein müssen. So besteht der Anspruch etwa bei Vorliegen eines sonderpädagogischen Förderbedarfs am Ende der Pflichtschulzeit und (zumindest teilweiser) Beschulung nach Sonderschullehrplan, bei Vorliegen einer Behinderung gemäß Behinderteneinstellungsgesetzes oder bei fehlendem oder negativem Schulabschluss. Ziel der Berufsausbildungsassistenz ist es, Jugendliche durch die Ausbildungszeit im Betrieb sowie durch die Berufsschule kontinuierlich zu begleiten. Die Berufsausbildungsassistent*innen übernehmen die Abwicklung des Abschlusses von Lehr- bzw. Ausbildungsvertrages, helfen im Rahmen einer Teilqualifizierung bei der Abklärung bzgl. eines Berufsschulbesuchs, stehen während der gesamten Ausbildungszeit in Kontakt mit dem Betrieb und der Berufsschule, stellen Lernhilfen oder Coaches zur Verfügung und unterstützen bei der Vorbereitung auf die Abschlussprüfung (SMS, 2021, online).

6.4.4 Arbeitsassistenz

Die Arbeitsassistenz (in Deutschland Integrationsfachdienst) ist das herrschende Instrument der beruflichen Inklusion in Österreich und steht erwerbstätigen Personen mit einem Behinderungsgrad von mindestens 50 % (begünstigt Behinderte) sowie Jugendlichen mit sonderpädagogischem Förderbedarf, einer Lernbehinderung oder einer emotionalen Beeinträchtigung bis zum 24. Lebensjahr zur Verfügung. Die zugewiesenen Arbeitsassistent*innen bieten individuelle Unterstützung und Begleitung im Arbeitsleben und helfen bei der Suche, Erlangung und Erhaltung eines regulären Ausbildungs- und Arbeitsplatzes. Darüber hinaus sind sie die zentrale Ansprechperson sowohl für die arbeitssuchende bzw. -nehmende Person, als auch für (potenzielle) Arbeitgeber*innen und für das betriebliche Umfeld. Bei Bedarf kann die Arbeitsassistenz auch Funktionen im privaten Umfeld, beispielsweise die Kommunikation mit Behörden, übernehmen (SMS, 2021, online). Die Arbeitsassistenz arbeitet nach dem Konzept der ›Unterstützten Beschäftigung‹ (Supported Employment) und gemäß dessen methodischem Ansatz des ›Placement before Qualification‹. Durch dieses methodische Vorgehen ergeben sich neue Möglichkeiten und Wege in Bezug auf den Ablauf und die Ausgestaltung von beruflicher Ausbildung und Qualifizierung in regulären Betrieben von Jugendlichen mit Behinderung oder Unterstützungsbedarf (Fasching, 2012b). Die Arbeitsassistenz kann als zentrale Unterstützungsmaßnahme für Menschen mit Behinderung gesehen werden, um am ersten Arbeitsmarkt Fuß zu fassen und maßgeblich zur Arbeitsplatzerhaltung beitragen (Fasching, 2014).

6.4.5 Jobcoaching

Die Maßnahme des Jobcoaching umfasst die direkte, persönliche Assistenz am Arbeitsplatz. Die Zielgruppe des Jobcoachings umfasst Menschen mit einem Behinderungsgrad von mindestens 50 %

(begünstigt Behinderte), Menschen mit sonderpädagogischem Förderbedarf und Menschen mit einem Behinderungsgrad von mindestens 30 %, denen der Arbeitsalltag Schwierigkeiten bereitet. Das Jobcoaching stellt eine besonders intensive Unterstützungsmaßnahme dar, mit der die fachlichen, kommunikativen und sozialen Kompetenzen der Arbeitnehmer*innen nachhaltig gefördert werden sollen, sodass sie in die Lage versetzt werden, ihren Arbeitsalltag selbstständig zu meistern. Darüber hinaus versuchen Jobcoaches auch, das Arbeitsumfeld zu sensibilisieren. Grundsätzlich läuft das Jobcoaching in drei Phasen ab: In Phase 1 werden in Absprache mit allen Beteiligten die Anforderungen am Arbeitsplatz geklärt und Ziele vereinbart. In Phase 2 erfolgt die Annäherung an das konkrete Arbeitsumfeld. Es wird eine Arbeitsplatzanalyse durchgeführt, um Probleme zu identifizieren und individuelle Lösungsstrategien zu entwickeln. Die Umsetzung dieser Lösungsstrategien wird durch regelmäßig stattfindende Reflexionsgespräche überprüft. In Phase 3 erfolgt die Überprüfung der zu Beginn vereinbarten Ziele unter der Beteiligung aller relevanten Personen (SMS, 2021, online).

6.4.6 Betriebsservice

Als neue NEBA-Dienstleistung wird 2020 das Betriebsservice als Weiterentwicklung der Arbeitsassistenz und zusätzliches Angebot eingeführt. Dabei werden interessierte Betriebe des ersten Arbeitsmarktes gezielt im Hinblick auf die Anstellung eines (jungen) Menschen mit Behinderung unterstützt, unter anderem, um etwaigen Voreingenommenheiten entgegenzuwirken, Missverständnisse zu klären, spezifische Fragen der Betriebe zu beantworten und Unklarheiten aus dem Weg zu räumen. In den Beratungen erfolgt unter anderem

- Information über unterschiedliche Möglichkeiten der Anstellung von Menschen mit Behinderung,

- Information über Fördermittel für den Betrieb,
- Beratung zu relevanten (z. B. rechtlichen) Rahmenbedingungen,
- Sensibilisierung im Hinblick auf Behinderung und Arbeit sowie
- Akzentuierung der Mehrwerte durch die Anstellung von Menschen mit Behinderung.

Zudem ist eine intensive Begleitung von Unternehmen durch das Betriebsservice bei Einstellungsverfahren möglich. Hierbei arbeitet das Betriebsservice eng mit Unterstützer*innen anderer NEBA-Leistungen zusammen, z. B. der Arbeitsassistenz. In diesem Rahmen erfahren die Betriebe zusätzliche Unterstützung in der Erstellung angemessener Stellenprofile für die Zielgruppe der Menschen mit Behinderung im Hinblick auf Gestaltung und Ablauf des Bewerbungsprozesses, im Treffen einer Vorauswahl, aber auch in der Planung und Etablierung barrierefreier Arbeitsplätze. Weiters bietet das Betriebsservice Beratung und Information rund um das Thema Behinderung und Arbeit an, auch wenn kein konkreter Anstellungsbedarf vorliegt. Das Angebot kann von jeglichem Betrieb oder Unternehmen genutzt werden und wird über externe Träger oder Projekte organisiert (SMS, 2021, online).

Weiterführende Literatur und Links

Lindmeier, C., Fasching, H., Lindmeier, B. & Sponholz, D. (Hrsg.). (2019). *Inklusive Berufsorientierung und berufliche Bildung – aktuelle Entwicklungen im deutschsprachigen Raum*. 2. Beiheft Sonderpädagogische Förderung heute. Weinheim, Basel: Beltz Juventa.

Berufsausbildungsgesetz (BAG) (Österreich): www.ris.bka.gv.at/GeltendeFassung.wxe?Abfrage=Bundesnormen&Gesetzesnummer=10006276

Information und Materialien zur Konzeption schulischer Berufsorientierung in Österreich (IBOBB): https://www.bibb.de/de/697.php; www.bmbwf.gv.at/Themen/schule/schulpraxis/ba/bo.html

NEBA – Netzwerk berufliche Assistenz (Österreich): www.neba.at/

6 Methoden, Handlungskonzepte und Unterstützungsmaßnahmen

Dachverband der beruflichen Integration (Österreich): www.dabei-austria.at/
Schwerpunkt Inklusion in der beruflichen Bildung im Bundesinstitut für Berufsbildung (Deutschland): www.bibb.de/de/697.php
ITP Planung konkret: https://www.european-agency.org/sites/default/files/individual-transition-plans_itp_de.pdf
Netzwerk Persönliche Zukunftsplanung (inkl. Methoden und Materialien): https://www.persoenliche-zukunftsplanung.eu/materialien/methoden-ueberblick.html Information und Materialien zum Berufswahlpass: https://www.berufswahlpass.de/

7

Partizipative Kooperation im Übergang

> Worum es geht ...
> Die Kooperation schulischer und außerschulischer professioneller Akteur*innen untereinander sowie mit den Jugendlichen (mit Behinderung) und ihren Eltern/Familien ist ein zentraler pädagogischer Wirkfaktor in allen Phasen des Unterstützungsprozesses von der Schule in Ausbildung und Beschäftigung. Unterstützungskonzepte und -maßnahmen sind in einem Kooperationsbündnis aufgehoben, das an den Prinzipien der Selbstbestimmung und Partizipation orientiert ist. Das folgende Kapitel erläutert wesentliche Formen dieser Kooperation.

7 Partizipative Kooperation im Übergang

Neben einem dyadischen Beratungssetting, das eine pädagogisch-professionelle Fachkraft und den*die Jugendliche umfasst, wird sozialen Netzwerken und Kooperationsbeziehungen eine immer höhere Bedeutsamkeit für das Gelingen des Übergangs nach der Pflichtschule zuerkannt (Fasching et al., 2017; Felbermayr et al., 2018). In Bezug auf Jugendliche mit Behinderung wird Kooperation bislang vor allem im schulischen Kontext als Kern für die Etablierung inklusiver Strukturen angesehen (Florian, 2017). Bei bedeutsamen bildungs- und berufsbiographischen Fragen jedoch, wie sie im Übergang von der Schule in weitere Bildung, Ausbildung oder Beruf aufkommen, sind die Jugendlichen häufig nicht nur auf die Unterstützung ihrer Familie angewiesen, sondern darüber hinaus können unterschiedliche Kooperationsbeziehungen das Gelingen des Übergangs ermöglichen (Husny & Fasching, 2020). Einen wesentlichen Grund für das (Nicht-)Gelingen des Übergangs von der Schule in den Beruf stellt die oftmals fehlende oder geringe Kooperation zwischen schulischen sowie außerschulischen professionellen Unterstützer*innen sowie ein mangelnder Einbezug der Jugendlichen und deren Eltern und/oder Familien[9] dar (Bacon & Causton-Theoharis, 2013; Husny & Fasching, 2020; Hetherington et al., 2010). Professionellen Fachkräften kommen in diesem Kontext oftmals koordinative und mediative Aufgaben zu (Husny & Fasching, 2020, S. 11).

Kooperation im Übergang von der Schule in (Aus-)Bildung oder Beschäftigung ist jedoch mit einer doppelten Schwierigkeit konfrontiert: Zum einen gilt es im Hinblick auf das Treffen einer persönlichen Bildungsentscheidung, den individuellen Bedürfnissen

---

9 Um die vielfältigen Familienkonstellationen berücksichtigen zu können, bezieht sich das vorliegende Familienverständnis nicht auf biologische Verwandtschaft oder gemeinsamen Wohnort, sondern auf den von den Mitgliedern empfundenen »ganzheitlichen emotionalen Beziehungen« (Engelbert, 2012, S. 97). Dieses Definitionsmerkmal scheint besonders geeignet zu sein, da es die Bestimmung familiärer Zugehörigkeit den Personen selbst überlässt.

der Jugendlichen (und ihrer Familien) gerecht zu werden, zum anderen müssen auch institutionelle Strukturen und Prozesse berücksichtigt werden. Eine qualitativ wertvolle Kooperation im Übergang ist demnach zwischen den jungen Menschen und ihren Familien, den Fachpersonen einer komplexen und ausdifferenzierten Angebotslandschaft, dem schulischen Fachpersonal und außerschulischen Partnern wie etwa Betrieben zu etablieren und muss sich strukturellen Gegebenheiten anpassen. Professionellen Fachkräften kommt dabei oftmals die Aufgabe zu, die beruflichen Aspirationen der Jugendlichen mit realistischen Möglichkeiten in Einklang zu bringen (Husny & Fasching, 2020, S. 7). Kooperation mit professionellen Fachkräften im Übergang ist anfangs jedoch nicht immer mit Freiwilligkeit verbunden. Die Suche nach professioneller Unterstützung kann mit unterschiedlichen Formen von Druck oder Zwängen (finanzielle Förderkürzungen, gesetzliche Pflichten, elterlicher Druck usw.) einhergehen (ebd., S. 9f.).

Während man im englischsprachigen Raum von ›cooperation‹, vielmehr aber noch von ›collaboration‹ spricht, überwiegt im deutschsprachigen Raum der Gebrauch des Begriffes ›Kooperation‹. In inklusiven Settings ist auch die Rede von Partnerschaft, Zusammenarbeit, Arbeitsbündnis oder Arbeitsbeziehung (Felbermayr et al., 2018, S. 173). Eckert et al. (2012, S. 78) sehen den Begriff der *Kooperation* als konstitutives Prinzip in der Heilpädagogik und Sonderpädagogik, das mit anderen Leitkategorien wie Anerkennung und Selbstbestimmung interferiert und die Qualität der Beziehung zwischen den Kooperierenden hervorhebt:

> »Kooperation steht für eine heil- und sonderpädagogische Leitidee, welche ein von gegenseitigem Respekt und wechselseitiger Wertschätzung geprägtes Verhältnis zwischen Professionellen und Betroffenen meint und sich ausdrücklich gegen Fremdbestimmung wendet.«

Wichtige Aspekte kooperativer Zusammenarbeit finden sich auch in der Definition *professioneller Kooperation* in inklusiven Settings nach Spieß (2004, S. 199; zit. nach Lütje-Klose & Urban, 2014, S. 116): »Kooperation ist gekennzeichnet durch den Bezug auf andere, auf gemeinsam zu erreichende Ziele bzw. Aufgaben, sie ist intentional, kommunikativ und bedarf des Vertrauens. Sie setzt eine gewisse Autonomie voraus und ist der Norm der Reziprozität verpflichtet.« Neben dem Beziehungsaspekt steht die Sachebene in Form gemeinsamer Aufgaben und Ziele ebenso im Vordergrund. Den positiven Wirkfaktor eines gemeinsamen Ziels vermerken auch Felbermayr et al., (2018, S. 7) und Husny und Fasching, (2020, S. 10). Der Aspekt der Intentionalität lässt klar darauf schließen, dass Kooperation immer auch ›in Bezug auf etwas‹ zu verstehen ist, was sie etwa von Beziehungen zu Freunden oder unter Liebenden unterscheidet. Zudem wird auf die Rolle der Autonomie als Einräumung bestimmter Freiheiten (z. B. jede*r Beteiligte erledigt die zugeteilte Aufgabe auf ihre*seine Weise) sowie auf das Prinzip der Wechselseitigkeit verwiesen, wonach Kooperation nie nur einseitig stattfinden kann. Kooperation entsteht in durch Vertrauen geprägten Kommunikationsprozessen, die auf einer gemeinsamen Sprache basieren (Husny & Fasching, 2020, S. 8).

Lütje-Klose und Urban (2014, S. 113) erläutern verschiedene Formen der Kooperation im Bereich Schule, welche auch für den Kontext des Übergangs Geltung beanspruchen können. Kooperative Strukturen sind besonders förderlich in Bezug auf folgende Gruppen:

- »Kooperation der Schülerinnen und Schüler untereinander,
- Kooperation der Lehrkräfte mit den Schülerinnen und Schülern
- sowie mit deren Eltern,
- Kooperation der Lehrkräfte untereinander
- und mit weiteren professionellen Unterstützungspersonen sowie
- Kooperation der Schule mit anderen Institutionen« (ebd.).

Die Kooperation innerhalb einer Berufsgruppe (z. B. Lehrpersonen) wird auch als intraprofessionelle Kooperation bezeichnet, während Kooperationsbeziehungen zu anderen (am Übergang) beteiligten Professionen (z. B. Jobcoach, Lehrer*in, Schulpsychologie etc.) auch unter den Bezeichnungen interdisziplinäre, inter- oder multiprofessionelle Kooperation verhandelt werden. Im Sinne eines inklusiven Verständnisses von partizipativer Kooperation gehen alle Kooperationsformen von dem Verständnis aus, den*die jeweilige*n Jugendliche*n bestmöglich bei Zielsetzungen, Entscheidungen und Handlungen zur Gestaltung des Übergangs miteinzubinden.

Kooperation findet nicht nur zwischen mehreren (Berufs-)Gruppen, sondern auch auf unterschiedlichen Ebenen statt. Felbermayr et al. (2018) erörtern in Anlehnung an Bach und Schuppener drei Ebenen der Kooperation, auf denen (direkt oder indirekt) Aushandlungs- und Einigungsprozesse stattfinden: *Institution, Individuum, soziales Umfeld* (Bach, 1999; Schuppener, 2007; in Felbermayr et al., 2018). Interessant erscheint auch das Ebenenmodell integrativer Prozesse nach Reiser (u. a. 2007), das für ein Verständnis inklusiver Kooperationsprozesse fruchtbar gemacht werden kann (Papke, 2020). Neben der *individuellen* und der *institutionellen Ebene* wird das soziale Umfeld unter der Bezeichnung *interaktionelle Ebene* eingeführt. Reisers Modell beinhaltet darüber hinaus eine *Sachebene* sowie eine *kulturell-gesellschaftliche Ebene*.

Die individuelle Ebene umfasst persönliche Einstellungen, Kompetenzen, Werte und Bereitschaften, die in Kooperationsbeziehungen mitgebracht werden. Die interaktionelle Ebene entspricht den konkreten Prozessen der Beziehungsgestaltung und Kommunikation. Die Sachebene bezeichnet das Problem oder den Inhalt, aufgrund dessen Handlungen getätigt, Entscheidungen getroffen und bezüglich dessen Ziele vereinbart werden (z. B. der nachschulische Lebensweg). Auf institutioneller Ebene sind die Rahmenbedingungen der beteiligten Institutionen, die Kooperation ermöglichen oder verhindern, erleichtern oder erschweren können, als zentrale Wirkfaktoren anzusehen. So nimmt beispielsweise die Schulform Einfluss auf die Intensität der professionellen Kooperation (Urban & Lütje-Klose, 2014, S. 285). Schließlich geht es auf kulturell-gesellschaftlicher Ebene um implizit wirkende Werte und Normen sowie politische Entscheidungen und Maßnahmen, die auf die anderen Ebenen Einfluss nehmen (Lütje-Klose & Urban, 2014, S. 114f.).

Der von Eckert, Sodogé und Kern entwickelte ›Kriterienkatalog zur Zusammenarbeit von Eltern und (sonderpädagogischen) Fachkräften‹ kann als theoretischer Rahmen zur Erfassung von Kooperation auf der Mikro- oder Individualebene dienen. Mithilfe der vier Kategorien *Grundlagen der Zusammenarbeit, Gestaltung der Zusammenarbeit, Inhalte der Zusammenarbeit* und *Haltungen der Zusammenarbeit* werden der Handlungs- sowie der Beziehungsaspekt von Kooperation konkret erfassbar gemacht (Eckert et al., 2012).

Tab. 7.1: Kriterienkatalog zur Zusammenarbeit von Eltern und (sonderpädagogischen) Fachkräften (nach Eckert, Sodogé & Kern, 2012, S. 84)

Grundlagen der Zusammenarbeit	Gestaltung der Zusammenarbeit	Inhalte der Zusammenarbeit	Haltungen der Zusammenarbeit
Konzeptionelle Verankerung	Vielfältigkeit und Flexibilität	Informationsangebote	Positive Atmosphäre
Zeitlicher Rahmen	Regelmäßigkeit	Beratungsangebote	Wirksamkeitsüberzeugung
Räumliche Bedingungen	Vernetzung (intern/ extern)	Familienunterstützung	Ressourcenorientierung
Fachliche Kompetenz	Planung und Dokumentation	Ermutigung zur Beteiligung	Gleichberechtigung
		Entscheidungsfindung	

Felbermayr et al. (2018, S. 174) merken jedoch kritisch an, dass der Fokus hier vor allem auf der Kooperation zwischen Erwachsenen läge und somit die Jugendlichen selbst im Sinne einer partizipativen Kooperation ausschließe. Voraussetzung partizipativer Kooperation sei dabei nicht die alleinige Teilnahme von Jugendlichen an Gesprächen, sondern deren Einbeziehung am Übergangsplanungsprozess gemeinsam mit verschiedenen professionellen Akteur*innen. Partizipative Kooperation orientiert sich dabei an der

7 Partizipative Kooperation im Übergang

individuellen Lebenslage, den Bedürfnissen der Jugendlichen und deren familiärer Situation und lässt auch Sichtweisen und Bedürfnisse (z. B. nach mehr Information oder Entlastung) der beteiligten Familienmitglieder nicht außer Acht (Felbermayr et al., 2018, S. 168). Zudem seien im Zuge von Kooperation immer auch die institutionell vorgegebenen Rahmenbedingungen und die damit einhergehenden Rollenzuschreibungen und Positionierungen der Individuen zu reflektieren (Fasching et al., 2017, S. 312; Husny & Fasching, 2020). Professionelle Akteur*innen finden sich diesbezüglich oftmals in einem Balanceakt zwischen bürokratischen Richtlinien und damit strukturellen Grenzen auf der einen Seite und den Bedürfnissen und Wünschen der Jugendlichen auf der anderen Seite wieder (Husny & Fasching, 2020, S. 4). Wesentlich ist demnach auch eine systemische Betrachtungsweise von Kooperation im Sinne einer Beschäftigung mit der Einbindung von Individuen in soziale Systeme und deren Relevanz für die Gestaltung von Übergangsprozessen.

Gemäß Lütje-Klose und Urban (2014, S. 113ff.) wird soziale Partizipation und Inklusion gerade in solchen kooperativen Prozessen hergestellt, in welchen Bemühungen um stetige gemeinsame Arbeit stattfinden. Fasching et al. (2017, S. 316) vermerken, dass partizipativ gelebte Kooperation die Verwirklichung inklusiver Prozesse befördere und plädieren dafür, dass eine »fundierte Theorie zu Kooperation in inklusiven Bildungsübergängen [...] auf einem partizipativen Zugang beruhen [sollte].« Partizipativ meint den expliziten Einbezug aller beteiligten Akteur*innen im Übergang (Felbermayr, Fasching & Engler, 2021, im Erscheinen). Partizipative Kooperation als normatives Prinzip umfasst drei Leitprinzipien (Fasching et al., 2017, S. 314; in Anlehnung an Turnbull, Turnbull, Erwin, Soodak & Shogren, 2011):

- Wechselseitige Anerkennung der Wichtigkeit von Problemen
- Wechselseitige Verpflichtung zur Problemlösung
- Anerkennung der menschlichen Würde, unabhängig von allen Differenzmerkmalen und Heterogenitätsdimensionen (Ethnizi-

tät, Erstsprache, Behinderung, Gender, Bildungshintergrund, sozio-ökonomischer Status, Religionszugehörigkeit etc.).

»Es bedarf partizipativer Elemente der Kooperation, damit Jugendliche aus sog. Risikogruppen gleiche Bildungs- und Berufschancen erhalten, weniger bis keine Ausgrenzungserfahrungen (mehr) machen und Barrieren abgebaut werden« (Felbermayr et al., 2021, im Erscheinen). Insofern ist Kooperation, soll sie nachhaltige inklusive Bildungsprozesse befördern, nicht nur freiwillige Zusatzaufgabe von pädagogischen Fachpersonen, sondern wird zum konstitutiven Bestandteil pädagogischer Professionen, die mit jungen Menschen im Bereich Schule und Übergang arbeiten (Husny & Fasching, 2020; Lütje-Klose & Urban, 2014, S. 116).

7.1 Kooperation mit Eltern und Familie

Die Herkunftsfamilie formt den spezifischen kulturellen Hintergrund, der wesentlich Lebenslage, Ressourcen, Wünsche oder Probleme der Jugendlichen beeinflusst. Die eigene Familie stellt für viele Jugendliche einen wichtigen Bezugspunkt dar, und Familie und Eltern nehmen gerade in Lebensphasen, die mit größeren Unsicherheiten, unterschiedlichen Wegen und damit schwer abschätzbaren Perspektiven einhergehen, auch eine zentrale beraterische Funktion ein. Es kann insofern »davon ausgegangen werden, dass schulische und weiterführende berufliche Entscheidungen auch Gegenstand familiärer Beratungsprozesse sind« (Felbermayr et al., 2018, S. 170). Darüber hinaus sind Jugendliche aufgrund verlängerter Übergänge (▶ Kap. 3.3.1) meist länger an ihre Familien gebunden, die damit zumeist auch von den Herausforderungen des Übergangs (zumindest indirekt) betroffen ist (ebd.). Eltern und Familie beeinflussen so auch über den Übergangsverlauf und das Gelingen des Übergangs.

Felbermayr et al. (2018, S. 171) folgern daraus, dass »Übergangsgestaltung demnach hinsichtlich der Verwirklichung individueller Wünsche und Pläne der Jugendlichen das familiäre Umfeld mit seinen speziellen Charakteristiken mit zu berücksichtigen [hat]«. Eine wesentliche Aufgabe professioneller Akteur*innen ist es daher, die Kooperation der Eltern zu gewinnen und sie für die Bedeutung der Übergangsplanung ihrer Kinder zu sensibilisieren (ebd.; Fasching et al., 2019). Dies gelte besonders bei prekären Übergangsverläufen und starken Milieuunterschieden, wie Eckert et al. (2012, S. 78) vermerken: »Je stärker die Sozialisationsbedingungen im schulischen und häuslichen Umfeld differieren, desto größer wird die Bedeutung der professionellen Gestaltung der Zusammenarbeit« (Eckert et al., 2012, S. 78). Fühlen sich Eltern in ihren Sorgen nicht verstanden oder haben den Eindruck, dass die professionelle Gestaltung an ihrer Lebenswelt und -realität vorbeizielt, wenden sie sich von Professionellen ab und nehmen informelle Unterstützung in Anspruch (Leodolter, 2021; Weiler, Keyzers, Scafe, Anderson & Cavell, 2020; Wilson, 2020). Insofern sei im Besonderen eine Orientierung professioneller Unterstützungsleistungen am familiären Kontext im Übergang notwendig (Fasching, 2020; Felbermayr et al., 2018, S. 172; Husny & Fasching, 2020). Dies beinhaltet die Anerkennung der Bedeutsamkeit der Familie als Sozialisationsinstanz und deren Einfluss auf Bildungsprozesse und -entscheidungen. Allerdings ist darauf hinzuweisen, dass eine grundsätzliche Familienorientierung nicht meint, Eltern und Familie ohne den vorausgegangenen Wunsch oder das Einverständnis des*der Jugendlichen einzubeziehen oder gar ohne dessen Wissen vertrauliche und persönliche Inhalte weiterzugeben. Die Kooperation mit Eltern oder Familie weist demnach den Charakter einer Unterstützungsbeziehung auf und ist nicht als Einbeziehung der Eltern zur Bevormundung des*der Jugendlichen zu verstehen.

Felbermayr et al. (2018, S. 174) explizieren vier Grundbedingungen für die Kooperation mit der Familie: gemeinsame Ziele und Aufgaben, Haltung der einzelnen Personen, Beziehung zueinander, Setting und Rahmenbedingungen.

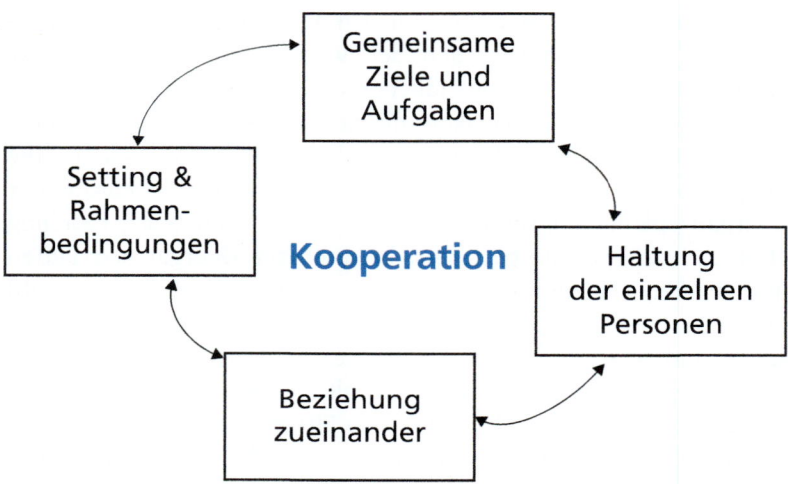

Abb. 7.1: Bedingungen für Kooperation mit der Familie (nach Felbermayr, Hubmayer & Fasching, 2018)

7.2 Intra- und interprofessionelle Kooperation

Im Hinblick auf den Übergang von der Schule in Ausbildung und Beruf ist intraprofessionelle Kooperation, also die Zusammenarbeit von Personen derselben Berufsgruppe (v. a. Lehrpersonen), nicht als Form des Unterrichtens zu verstehen (z. B. Co-Teaching), sondern im Rahmen der Übergangsplanung und -beratung zu beleuchten, in der Lehrpersonen auch eine wesentliche Gatekeeping-Funktion einnehmen.

Multiprofessionelle Kooperation scheint gerade in Situationen gefragt, für die es keine eindeutige professionelle Zuständigkeit gibt (Widmer-Wolf, 2018, S. 302). Geht man von einem prozessualen Verständnis von Übergängen aus, in dem deren Komplexität und langfristige Dauer anerkannt wird, kann die Transition nach der Pflichtschulzeit als solche Situation gefasst werden.

7.2 Intra- und interprofessionelle Kooperation

Im Kontext des Übergangs Schule-Beruf umfasst multiprofessionelle Kooperation u. a. die Berufsgruppen Lehrpersonen, Schulpsychologie, schulinterne Bildungs- und Berufsberatung, Professionelle von außerschulischen Maßnahmen, (Schul-)Sozialarbeit oder auch Personen eventueller zusätzlicher Unterstützungsleistungen (Logopädie, Dolmetscher*innen, persönliche Assistenz in der Schule etc.). Multiprofessionelle Kooperation kann dabei nicht reduziert werden auf »eine Art Addition verschiedener professioneller Expertisen mit entsprechenden Zuständigkeiten«, denn dies »verkennt [...], dass die Lern- und Entwicklungssituationen der Schüler/-innen häufig komplex sind und eine interdisziplinäre Perspektive erfordern« (Widmer-Wolf, 2018, S. 302). Da bei multiprofessioneller Kooperation Professionelle unterschiedlicher Disziplinen und mit unterschiedlichen Berufsaufträgen beteiligt sind und damit aufgrund professionsspezifischer Wissenskonstruktionen vielfältige Sichtweisen einbringen können, kann diese Art der Zusammenarbeit als besonders gewinnbringend betrachtet werden.

Bedeutsam für das Gelingen sowohl von intra- als auch interprofessioneller Kooperation sei die Bereitschaft und innere Haltung dazu, sich im Zuge der Kooperation selbst als Lernende*n zu verstehen. Bonsen und Rolff (2006; in Lütje-Klose & Urban, 2014, S. 119) etablieren dafür den Begriff der »professionellen Lerngemeinschaft«. Dieses Konzept impliziert auch Offenheit für andere oder auch konträre Sichtweisen, Handlungs- und Lösungsstrategien sowie die Bereitschaft zu geteilter Verantwortung. In diesem Sinne beruht Kooperation immer auf Aushandlungsprozessen, welche aber »mitgeprägt sein [können] durch Überzeugungen und Haltungen der beteiligten Akteur/-innen, deren jeweiligen beruflichen Sozialisationen sowie durch Strukturen und Praktiken an der Schule« (Widmer-Wolf, 2018, S. 299).

Wesentlich ist gerade im Zuge der Kooperation verschiedener Berufsgruppen die Reflexion und das Aufbrechen von Machtgefällen, um eine gleichberechtigte Kooperation zu ermöglichen. Das betrifft unter anderem den Austausch von Informationen, um beispielsweise zu vermeiden, dass schulexterne pädagogische Fachkräfte von der Bereitschaft zur Informationsweitergabe durch die Lehrpersonen abhängig gemacht werden. Derartigen Machtgefällen kann vorgebeugt werden, indem diese Fachgruppen in die Schulkultur und Teams mit Lehrpersonen eingebunden werden. Gleichzeitig ist eine gleichberechtigte Kooperation stets als Prozess zu verstehen, das heißt, der Umgang mit Ungleichheiten in Teams ist Gegenstand stetiger Reflexion:

> »Aus struktureller Sicht ist die Gleichheit in multiprofessionellen Teams nicht gegeben. Zwischen den Professionsgruppen sollte ein reflektierter Umgang mit dem Machtgefälle stattfinden [...] Gleichheit in multiprofessionellen Teams muss insofern reflexiv erst geschaffen werden« (Widmer-Wolf, 2018, S. 301).

Ebenso wie ein gleichberechtigter Umgang miteinander, unterliegt auch die Professionalität multiprofessioneller Teams immer einem Aushandlungsprozess auf mehreren Ebenen:

> »Die Professionalität in multiprofessionellen Teams kann nicht als statische Qualität verstanden werden, die sich auf erlernte Expertisen abstützen kann, sondern konstituiert sich mitunter auch in konkreten Situationen, in denen sie interaktiv hergestellt werden muss« (ebd., S. 302).

Eine gelingende Kooperation zwischen Angehörigen unterschiedlicher Professionen kann gestützt werden durch schriftliche Kooperationsvereinbarungen, kollegiale Fallberatungen, Supervision sowie eigens ausgearbeitete Konzepte, die auch im Leitbild der Schule verankert werden.

Den Mittelpunkt übergangsbezogener Kooperation bildet die spezifische Situation eines*einer Jugendlichen. Dabei darf nicht außer Acht gelassen werden, dass auch die Kooperationsarbeit selbst sich auf unterschiedliche Weise auf die Lebens- und Übergangssituation des*derjenigen auswirken kann. Gerade mögliche negative Folgen sollten deshalb von den professionellen Fachkräften antizipiert und ihnen entsprechend entgegengewirkt werden. Diese »Effekte der Zusammenarbeitsgestaltung«, die mitunter weitere Benachteiligung und Diskriminierung zur Folge haben können, »bedürfen einer kontinuierlichen Aufmerksamkeit« (ebd., S. 309).

7.2 Intra- und interprofessionelle Kooperation

Neben den verschiedenen Ebenen oder Bereichen, die sich darauf beziehen, wo oder mit wem Kooperation stattfindet, stellen Lütje-Klose und Willenbring (1999, nach dem amerik. Modell von Marvin, 1990) auch ein Niveaustufen-Modell vor, das eine Kategorisierung unterschiedlicher Qualitätsdimensionen von professioneller Kooperation zulässt. In diesem bilden gegenseitige Wertschätzung und Vertrauen zwei Grundvariablen für eine mehr oder weniger intensive Kooperation. So entstehen je nach Involvement niedrige (re) oder höhere Aufwandskosten für die Beteiligten (Gräsel, Fußnagel & Pröbstel, 2006; Weiss, Markowetz & Kiel, 2017, S. 317).

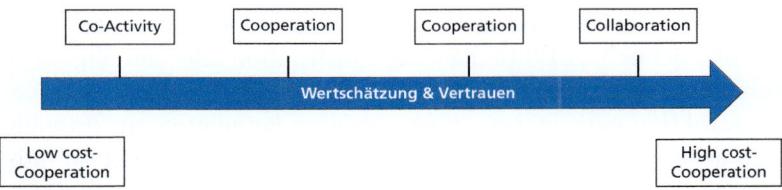

Abb. 7.2: Niveaustufen-Modell der Kooperation (nach Lütje-Klose & Willenbring, 1999)

So beschränkt sich Co-Activity (›low cost‹-Kooperation) zumeist auf den reinen Austausch von Informationen oder Sichtweisen, während die Beteiligten allein und getrennt voneinander arbeiten. Cooperation beinhaltet zwar gemeinsame Absprachen, jedoch erneut ohne dass die einzelnen Arbeitsfelder aufeinander bezogen werden. Coordination geht – bei eindeutiger Rollentrennung – über eine reine Absprache hinaus und umfasst gemeinsame Aktivitäten sowie klare Teilung von Arbeiten und Verantwortlichkeiten. Die Ebene der Collaboration zeichnet sich durch gemeinsame und gleichberechtigte Verantwortung und Zusammenarbeit aus, in der keiner Rolle eine höhere Autorität zugesprochen wird und gemeinsame Zuständigkeitsbereiche vereinbart werden (›high cost‹-Kooperation) (Lütje-Klose & Urban, 2014, S. 117f.).

Aus historischer Perspektive zeichnet der Beitrag von Irmtraud Schnell (2017) die Entwicklung multiprofessioneller Kooperation im Zuge von Schulversuchen seit den 1970er Jahren nach. Analog zum Modell von Lütje-Klose und Willenbring kann die Zusammenarbeit als Entwicklungsgeschichte von der Co-Activity zur Collaboration verstanden werden, wobei auch die Problematiken, die mit den (auch höheren) Formen der Kooperation verbunden sind, erläutert werden (Schnell, 2017).

Die Entwicklung und Etablierung langfristiger und qualitativ gehaltvoller intra- und interprofessioneller Kooperation ist schließlich nicht nur Einzelaufgabe von Lehrpersonen oder anderen pädagogischen Fachkräften, sondern systematisch in Schul- und Unterrichtsentwicklung zu verankern (Lütje-Klose & Urban, 2014, S. 118f.; Schnell, 2017) und als Ko-Konstruktion aller Beteiligten zu verstehen: »Gelingende Zusammenarbeit heißt, im Sinne von Ko-Konstruktion gemeinsame Ziele mit allen Beteiligten zu formulieren, um verschiedene [...] Angebote in ein Gesamtkonzept zu integrieren« (Weiss et al., 2017, S. 318).

Auch während der Kooperation mit potenziellen Arbeitgeber*innen ist die Partizipation der Jugendlichen zentral. In Bezug auf die Kooperation mit Betrieben scheint sowohl während der schulischen Berufsorientierung als auch im Zuge von außerschulischen Unterstützungsmaßnahmen ein Abwägen wichtig, inwiefern es hilfreich oder notwendig ist, dass die Kooperationsbeziehung durch Fachpersonen angebahnt wird.

Weiterführende Literatur und Links

Cummings, C., Dyson, A. & Todd, L. (2011). *Beyond the school gates. Can full service and extended schools overcome disadvantage?* London, New York: Routledge.
Guthöhrlein, K., Laubenstein, D. & Lindmeier, C. (2019). *Teamentwicklung und Teamkooperation.* Stuttgart: Kohlhammer.

Todd, L. (2007). *Partnerships for Inclusive Education. A critical approach to collaborate working*. London, New York: Routledge.

Projekthomepage des FWF-Forschungsprojekts ›Kooperation für Inklusion in Bildungsübergängen‹ (Leitung Helga Fasching, Universität Wien): https://kooperation-fuer-inklusion.univie.ac.at/

Literaturverzeichnis

Allheit, P. & Dausien, B. (2000). Die biographische Konstruktion der Wirklichkeit. Überlegungen zur Biographizität des Sozialen. In E. Hoerning (Hrsg.), *Biographische Sozialisation* (S. 257–284). Stuttgart: Lucius & Lucius (= Der Mensch als soziales und personales Wesen, Band 17).

arbeit plus – Soziale Unternehmen Vorarlberg (2016). *Daten & Fakten & Definitionen zu Arbeitslosigkeit.* (http://www.sozialeunternehmen-vorarlberg.at/daten-fakten), Zugriff am 16.02.2021

Autorengruppe Bildungsberichterstattung (2006). *Bildung in Deutschland 2006.* (www.bildungsbericht.de), Zugriff am 18.1.2021

Bach, H. (1999). *Grundlagen der Sonderpädagogik.* Bern: Haupt.

Bacon, J.K. & Causton-Theoharis, J. (2013). ›It should be teamwork‹: a critical investigation of school practices and parent advocacy in special education. *International Journal of Inclusive Education, 17* (7), 682–699. doi: 10.1080/13603116.2012.708060

BAG Berufswahlpass – Bundesarbeitsgemeinschaft Berufswahlpass (online). *Der Berufswahlpass.* (http://berufswahlpass.de), Zugriff am 4.6.2019

Bauer, C. & Hegemann, T. (2018). *Ich schaffs! – Cool ans Ziel. Das lösungsorientierte Programm für die Arbeit mit Jugendlichen* (6. Auflage). Heidelberg: Carl-Auer-Systeme-Verlag.

Behncke, R. Ciolek, A. & Körner, I. (1993). Arbeiten außerhalb der Werkstatt. Die Hamburger Arbeitsassistenz – ein Modellprojekt zur beruflichen Integration für Menschen mit geistiger Behinderung. *Geistige Behinderung. Fachzeitschrift der Bundesregierung Lebenshilfe, 32* (4), 1–27.

Bergs, L. & Niehaus, M. (2016). Bedingungsfaktoren der Berufswahl bei Jugendlichen mit einer Behinderung. Erste Ergebnisse auf Basis einer qualitativen Befragung. *bwp@ Berufs- und Wirtschaftspädagogik – online, 30,* 1–14.

Bieker, R. (2005). *Teilhabe am Arbeitsleben. Wege der beruflichen Integration von Menschen mit Behinderung.* Stuttgart: Kohlhammer.

Biewer, G. (2017). *Grundlagen der Heilpädagogik und Inklusiven Pädagogik* (3., überarbeitete und erweiterte Auflage). Bad Heilbrunn: Klinkhardt.

Biewer, G. & Fasching, H. (2014). Von der Förderschule zum inklusiven Bildungssystem – die Perspektive der Schulentwicklung. In U. Heimlich & J. Kahlert (Hrsg.), *Inklusion in Schule und Unterricht. Wege zur Bildung für alle* (2. Auflage, S. 118–152). Stuttgart: Kohlhammer (= Praxis Heilpädagogik – Handlungsfelder).

Biewer, G., Fasching, H. & Koenig, O. (2009). Teilhabe von Menschen mit einer intellektuellen Beeinträchtigung an Bildung, Arbeit und Forschung. *SWS-Rundschau, 49* (3), 391–403.

BMASGK – Bundesministerium für Arbeit, Soziales, Gesundheit und Konsumentenschutz (2012): *Nationaler Aktionsplan Behinderung 2012-2020. Strategie der österreichischen Bundesregierung zur Umsetzung der UN-Behindertenrechtskonvention.* Wien: Eigenverlag (https://broschuerenservice.sozialministeriu m.at/Home/Download?publicationId=165), letzter Zugriff 8.3.2021

BMASK – Bundesministerium für Arbeit, Soziales und Konsumentenschutz (2013). *BABE – Österreich 2014-2017. Behinderung – Ausbildung – Beschäftigung. Bundesweites arbeitsmarktpolitisches Behindertenprogramm.* Wien: Eigenverlag (https://sozialministeriumservice.at/Downloads/sms_babe-2014.pdf), letzter Zugriff: 27.1.2021

BMBWF – Bundesministerium für Bildung, Wissenschaft und Forschung (2020). *Bildungs- und Berufsorientierung. ibobb: Information, Beratung und Orientierung für Bildung und Beruf.* (https://bildung.bmbwf.gv.at/schulen/bo/in dex1.html), letzter Zugriff: 21.1.2021

BMDW – Bundesministerium für Digitalisierung und Wirtschaftsstandort (2021). *Integrative Berufsausbildung.* (https://www.usp.gv.at/mitarbeiter/lehre/integ rative-berufsausbildung.html), letzter Zugriff: 10.3.2021

BMSGPK – Bundesministerium für Soziales, Gesundheit, Pflege und Konsumentenschutz (Hrsg.). (2016). *UN-Behindertenrechtskonvention. Deutsche Übersetzung der Konvention und des Fakultativprotokolls.* Wien: Eigenverlag (https:// broschuerenservice.sozialministerium.at/Home/Download?publicationId=19), Zugriff am 20.1.2021

Böhnisch, L. & Schefold, W. (1985). *Lebensbewältigung. Soziale und pädagogische Verständigungen an den Grenzen der Wohlfahrtsgesellschaft.* Weinheim, München: Juventa.

Böhnisch, L. & Schröer, W. (2004). Stichwort. Soziale Benachteiligung und Bewältigung. *Zeitschrift für Erziehungswissenschaft, 7* (4), 467–478.

Böhnisch, L. (2018). *Sozialpädagogik der Lebensalter. Eine Einführung* (8., erweiterte Auflage). Weinheim, Basel: Beltz Juventa (= Grundlagentexte Pädagogik).

Bonsen, M. & Rolff, H. (2006). Professionelle Lerngemeinschaften von Lehrerinnen und Lehrern. *Zeitschrift für Pädagogik, 52,* 167–184.

Bonvin, J.-M. & Glaser, D. (2010). Making them Employable or Capable? Social Integration Policies at a Crossroads. In H.-U. Otto & H. Ziegler (Eds.), *Education, Welfare and the Capabilities Approach. A European Perspective* (pp. 71–84). Opladen, Farmington Hills: Budrich.

Boudon, R. (1974). *Education, Opportunity, and Social Inequality. Changing Prospects in Western Society.* New York: Wiley & Sons.

Bourdieu, P. (1976). *Entwurf einer Theorie der Praxis auf der ethnologischen Grundlage der kabylischen Gesellschaft.* Frankfurt am Main: Suhrkamp.

Bourdieu, P. (1982). *Die feinen Unterschiede.* Frankfurt am Main: Suhrkamp.

Bourdieu, P. (1983). Ökonomisches Kapital, kulturelles Kapital, soziales Kapital. In R. Kreckel (Hrsg.), *Soziale Ungleichheiten* (S. 183–198). Göttingen: Otto Schwartz & Co.

Bourdieu, P. & Passeron, J.-C. (1971). *Die Illusion der Chancengleichheit. Untersuchungen zur Soziologie des Bildungswesens am Beispiel Frankreichs.* Stuttgart: Klett.

Brandl-Nebehay, A. (2003). Zuhören verbindet – Die therapeutische Beziehung im Spiegel lösungsorientierter und narrativer Ansätze. *Systeme, 17* (2), 197–210.

Bräutigam, B. & Müller, M. (2014). »Die Sehnsucht einen Pudding an die Wand zu nageln« – vom Ertragen und dem produktiven Umgang mit Diffusität und Unsicherheit im Kontext niedrigschwelliger Beratung. *Journal für Psychologie, 22* (2), 137–155.

Bronfenbrenner, U. (1981). Die Ökologie der menschlichen Entwicklung: natürliche und geplante Experimente. Stuttgart: Klett-Cotta (Original erschienen 1979: The Ecology of Human Development: Experiments by Nature and Design).

Buchen, S. (2013). Übergangsprobleme benachteiligter Jugendlicher von der Schule ins Berufsleben unter Genderperspektive. In M. Maier & T. Vogel (Hrsg.), *Übergänge in eine neue Arbeitswelt? Blinde Flecken in der Debatte zum Übergangssystem Schule-Beruf* (S. 131–148). Wiesbaden: Springer.

Budde, J, Blasse, N. & Rißler, G (2020). Zur Relation von Intersektionalitäts- und Inklusionsforschung in der Erziehungswissenschaft. *Gender. Zeitschrift für Geschlecht, Kultur und Gesellschaft (Schwerpunktheft; Inklusion und Intersektionalität in institutionellen Bildungskontexten), 12* (3), 27–41.

Bundesagentur für Arbeit (2006). *Nationaler Pakt für Ausbildung und Fachkräftenachwuchs. Kriterienkatalog zur Ausbildungsreife. Ein Konzept für die Praxis.* (https://www.ib-sh.de/fileadmin/user_upload/downloads/Arbeit_Bildung/ ZP_Arbeit/b5/Kriterienkatalog_ausbildungsreife_b5_druckfassung.pdf), Zugriff am 5.3.2019

Burzan, N. (2011). *Soziale Ungleichheit. Eine Einführung in die zentralen Theorien.* Wiesbaden: Springer.Busse, M. (2009). *Berufliche Teilhabeerfahrungen und wahrgenommene Lebensqualität von Menschen mit Lernschwierigkeiten in Österreich.* Diplomarbeit: Universität Wien.

Butz, B. (2008). Grundlegende Qualitätsmerkmale einer ganzheitlichen Berufsorientierung. In G.-E. Famulla, B. Butz, S. Deeken, U. Michaelis, V. Möhle & B. Schäfer (Hrsg.), *Berufsorientierung als Prozess. Persönlichkeit fördern, Schule entwickeln, Übergang sichern. Ergebnisse aus dem Programm »Schule -Wirtschaft/Arbeitsleben«* (S. 42-62). Baltmannsweiler: Schneider Verlag Hohengehren. Baltmannsweiler: Schneider-Verl. Hohengehren.

Butz, B. & Deeken, S. (2014). Subjektbezogene Berufsorientierung – Individueller Lernprozess und kooperative Aufgabe. In N. Pötter (Hrsg.), *Schulsozialarbeit am Übergang Schule - Beruf* (S. 97-113). Wiesbaden: Springer (= Beiträge zur Sozialen Arbeit an Schulen, Band 3).

Cameron, D. K. & Thygesen, R. (2015) (Eds.). *Transitions in the field of special education. Theoretical perspectives and implications for practice.* Münster. New York: Waxmann

Cavendish, W., Connor, D.J. & Rediker, E. (2017). Engaging Students and Parents in Transition-Focused Individualized Education Programs. *Intervention in School and Clinic, 52* (4), 228-235. doi:10.1177/1053451216659469

Cavendish, W. & Connor, D. (2018). Toward Authentic IEPs and Transition Plans: Student, Parent and Teacher Perspectives. *Learning Disability Quarterly, 41* (1), 32-43. doi:10.1177/0731948716684680

Chandroo, R., Strnadová, I. & Cumming, T.M. (2020). Is it really student-focused planning? Perspectives of students with autism. *Research in Developmental Disabilities, 107*, 1-10. https://doi.org/10.1016/j.ridd.2020.103783.

Cummings, C., Dyson, A. & Todd, L. (2011). *Beyond the school gates. Can full service and extended schools overcome disadvantage?* London, New York: Routledge.

Czollek, L.H., Perko, G., Kaszner, C. & Czollek, M. (2019). *Praxishandbuch Social Justice und Diversity. Theorien, Training, Methoden, Übungen* (2., vollständig überarbeitete und erweiterte Auflage). Weinheim, Basel: Beltz Juventa.

DABEI Austria – Dachverband berufliche Integration (Hrsg.). (2010). *Europäischer Werkzeugkoffer für Unterstützte Beschäftigung.* (https://www.euse.org/content/supported-employment-toolkit/EUSE-Toolkit-2010-Austria.pdf), Zugriff am 9.12.2020

Dabrock, P. (2008). Befähigungsgerechtigkeit als Ermöglichung gesellschaftlicher Inklusion. In H.-U. Otto & H. Ziegler (Hrsg.), *Capabilities - Handlungsbefähigung und Verwirklichungschancen in der Erziehungswissenschaft* (S. 17-53). Wiesbaden: VS Verlag für Sozialwissenschaften.

Dausien, B. (2014). »Bildungsentscheidungen« im Kontext biografischer Erfahrungen und Erwartungen. Theoretische und empirische Argumente. In I. Miethe, J. Ecarius & A. Tervooren (Hrsg.), *Bildungsentscheidungen im Lebenslauf. Perspektiven qualitativer Forschung* (S. 39-64). Opladen, Toronto: Verlag Barbara Budrich.

Debrunner, A. (2016). Supported Employment. In I. Hedderich, G. Biewer, J. Hollenweger & R. Markowetz (Hrsg.), *Handbuch Inklusion und Sonderpädagogik* (S. 544-551). Bad Heilbrunn: Klinkhardt (UTB).

Dederich, M. (2013). *Philosophie in der Heil- und Sonderpädagogik*. Stuttgart: Kohlhammer (= Nachbarwissenschaften der Heil- und Sonderpädagogik).

Dederich, M. (2014). Intersektionalität und Behinderung. Ein Problemaufriss. *Behinderte Menschen, 1*, 47–53.

Deeken, S. & Butz, B. (2010). *Berufsorientierung. Beitrag zur Persönlichkeitsentwicklung*. Bonn: Bundesinstitut für Berufsbildung.

Demmer, C. (2017). Ein Schritt nach vorn – ein Blick zurück. Biografieanalytische und intersektionale Betrachtungen von institutionellen Übergängen nach der Schule. In H. Fasching, C. Geppert & E. Markarova (Hrsg.), *Inklusive Übergänge. (Inter)nationale Perspektiven auf Inklusion im Übergang von der Schule in weitere Bildung, Ausbildung oder Beschäftigung* (S. 95–111). Bad Heilbrunn: Klinkhardt.

Dern, W. & Hanses, A. (2001). Berufsfindung und Biografie – Biografische Diagnostik als Zugang zu den Sinnhorizonten und Ressourcen der Menschen in der beruflichen Rehabilitation. *Rehabilitation, 40*, 289–303.

Diouani-Streek, M. (2019). Pädagogischer Handlungstyp Beratung. In M. Diouni-Streek & S. Ellinger (Hrsg.), *Beratungskonzepte in sonderpädagogischen Handlungsfeldern* (4., überarbeitete Auflage, S. 11–34). Oberhausen: Athena.

Doose, S. (2011). *»I want my dream!« Persönliche Zukunftsplanung. Neue Perspektiven und Methoden einer individuellen Hilfeplanung mit Menschen mit Behinderungen*. Kassel: Netzwerk People First Deutschland.

Doose, S. (2012). *Unterstützte Beschäftigung: Berufliche Integration auf lange Sicht. Theorie, Methodik und Nachhaltigkeit der Unterstützung von Menschen mit Lernschwierigkeiten auf dem allgemeinen Arbeitsmarkt*. Marburg: Lebenshilfe Verlag.

Driesel-Lange, K. (2017). Förderung gendergerechter Übergänge von der Schule in den Beruf. In H. Fasching, C. Geppert & E. Makarova (Hrsg.), *Inklusive Übergänge. (Inter)nationale Perspektiven auf Inklusion im Übergang von der Schule in weitere Bildung, Ausbildung oder Beschäftigung* (S. 191–210). Bad Heilbrunn: Klinkhardt.

Eckert, A., Sodogé, A. & Kern, M. (2012). Zusammenkommen ist ein Beginn, Zusammenarbeiten ein Erfolg. Kriterien für eine gelingende Zusammenarbeit von Eltern und sonderpädagogischen Fachkräften im schulischen Kontext. *Sonderpädagogische Förderung heute, 57*, 76–90.

Eckert, M. (2008). Defizite in der Berufsvorbereitung – Was ist ein gelingender Übergang von der Schule in den Beruf? In E. Schlemmer & H. Gerstberger (Hrsg.), *Ausbildungsfähigkeit im Spannungsfeld zwischen Wissenschaft, Politik und Praxis* (S. 149–160). Wiesbaden: VS Verlag für Sozialwissenschaften.

Eckhart, M., Haeberlin, U., Lozano, C. & Blanc, P. (2011). *Langzeitwirkungen der schulischen Integration. Eine empirische Studie zur Bedeutung von Integrationser-*

fahrungen in der Schulzeit für die soziale und berufliche Situation im jungen Erwachsenenalter. Bern: Haupt.

Engel, F. & Sickendiek, U. (2004). Narrative Beratung: Sprache, Erzählungen und Metaphern in der Beratung. In F. Nestmann, F. Engel & U. Sickendiek (Hrsg.), *Das Handbuch der Beratung. Ansätze, Methoden und Felder* (S. 749–763). Tübingen: DGVT Verlag.

Engelbert, A. (2012). Familie. In I. Beck & H. Greving (Hrsg.), *Lebenslage und Lebensbewältigung* (S. 96–104). Stuttgart: Kohlhammer (= Enzyklopädisches Handbuch der Behindertenpädagogik, Band 5).

Essen, F. van (2013). *Soziale Ungleichheit, Bildung und Habitus. Möglichkeitsräume ehemaliger Förderschüler*. Wiesbaden: Springer.

Eurofound (2016). *Exploring the diversity of NEETs: Country profiles*. (https://www.eurofound.europa.eu/sites/default/files/ef1602en2.pdf), Zugriff am 21.1.2021

Euroguidance Österreich (2021). *Das österreichische Bildungssystem*. (https://www.bildungssystem.at/), Zugriff am 7.1.2021

Famulla, G.-E. (2001). Berufsorientierung als Bildungsaufgabe im Strukturwandel von Ausbildung, Arbeit und Beruf – Das Programm »Schule-Wirtschaft/Arbeitsleben« aus Sicht der wissenschaftlichen Begleitung. (https://www.sowi-online.de/book/export/html/399), Zugriff am 21.1.2021

Fasching, H. (2006). Systemische Gruppentherapie mit Jugendlichen im Rahmen einer Qualifizierungsmaßnahme – erweiterte Perspektiven für die Integrative Pädagogik. In G. Mehta & E. Zika (Hrsg,), *Systemische Grenzgänge. Wirksames und Wirkendes im Zwischenmenschlichen* (S. 259–269). Krammer. Wien.

Fasching, H. (2004). *Qualitätskriterien in der beruflichen Integrationsmassnahme Arbeitsassistenz. Unter besonderer Berücksichtigung von Jugendlichen mit Lernbehinderung*. Münster: LIT.

Fasching, H. (2012a). Interaktion von Behinderung und Geschlecht im Übergang von der Schule in Ausbildung und Beschäftigung. Erweiterte Analysen aus einem aktuellen Forschungsprojekt. *Vierteljahresschrift für Heilpädagogik und ihre Nachbargebiete, 81*, 1–14.

Fasching, H. (2012b). Berufliche Teilhabe junger Frauen und Männer mit intellektueller Beeinträchtigung am allgemeinen Arbeitsmarkt. Eine qualitative Untersuchung zur nachhaltigen beruflichen Integration aus der Perspektive der Arbeitnehmer und der Arbeitgeber. *Zeitschrift für Heilpädagogik, 63* (2), 48–53.

Fasching, H. (2014). Vocational education and training and transitions into labour market of persons with intellectual disabilities. *European Journal of Special Needs Education, 29* (4), 505–520.

Fasching, H. (2016). Nachschulische Arbeits- und Lebenssituation von jungen Frauen und Männern mit intellektueller Beeinträchtigung in Österreich. Eine Verbleibs- und Verlaufsstudie fünf Jahre nach Beenden der Schule. *Vierteljahresschrift für Heilpädagogik und ihre Nachbargebiete, 85* (4), 290–306.

Fasching, H. (2017). Inklusive Übergänge erforschen? Ein Problemaufriss mit Empfehlungen. In H. Fasching, C. Geppert & E. Makarova (Hrsg.), *Inklusive Übergänge. (Inter)nationale Perspektiven auf Inklusion im Übergang von der Schule in weitere Bildung, Ausbildung oder Beschäftigung* (S. 17–28). Bad Heilbrunn: Klinkhardt. Open Access-Link: http://nbn-resolving.org/urn:nbn:de:0111-pedocs-148161

Fasching, H. (2019). Unterstützungsmaßnahmen zur Ausbildungs- und Arbeitsmarktinklusion von behinderten und ausgrenzungsgefährdeten Jugendlichen in Österreich. In G. Quenzel & K. Hurrelmann (Hrsg.), *Handbuch Bildungsarmut* (S. 853–878). Wiesbaden: Springer. Open Access-Link: https://phaidra.univie.ac.at/o:1183167

Fasching, H. (2020). Systemisch leiten lassen in der partizipativen Forschung. *Systeme, 34* (2), 141–158. Open-Access-Link: https://phaidra.univie.ac.at/o:1131253

Fasching, H. & Mursec, D. (2010). *Schulische Ausgangssituation und Übergang in Ausbildung und Beruf in Österreich. Dokumentation der bundesweiten Befragung der Bezirksschulinspektor/innen und Eltern. Datenband I der dreibändigen Reihe »Die Übergangs-, Unterstützungs- und Beschäftigungssituation von Menschen mit einer intellektuellen Beeinträchtigung in Österreich«*. Wien: Universität Wien.

Fasching, H., Felbermayr, K. & Hubmayer, A. (2017). Forschungsnotiz Kooperation für Inklusion in Bildungsübergängen. *SWS-Rundschau, 57* (3), 305–323. Open Access-Link: https://phaidra.univie.ac.at/o:1131257

Fasching, H., Felbermayr, K. & Hubmayer, A. (2019). Die Bedeutung von Beziehung in der Erforschung inklusiver Übergänge. In H. Fasching (Hrsg.), *Beziehungen in pädagogischen Arbeitsfeldern und ihren Transitionen über die Lebensalter* (S. 169–188). Bad Heilbrunn: Klinkhardt. Open Access-Link: http://nbn-resolving.org/urn:nbn:de:0111-pedocs-168732

Fasching, H., Felbermayr, K. & Zitter, L. (2020). Partizipative Kooperationserfahrungen von Jugendlichen mit Behinderung in inklusiven Maßnahmen im Übergang von der Schule in den ersten Arbeitsmarkt. *SWS-Rundschau, 60* (4), 314–332. Open Access-Link: https://phaidra.univie.ac.at/o:1137776

Fasching, H. & Fülöp, A. (2017). Inklusion im Übergang von der Schule in den Beruf in Österreich – Rechtliche, politische und institutionelle Rahmenbedingungen. In H. Fasching, C. Geppert, C. & E. Makarova (Hrsg.), *Inklusive Übergänge. (Inter)nationale Perspektiven auf Inklusion im Übergang von der Schule in weitere Bildung, Ausbildung oder Beschäftigung* (S. 79–94). Bad Heilbrunn:

Klinkhardt. Open Access-Link: http://nbn-resolving.org/urn:nbn:de:0111-pedocs-148161

Faulstich-Wieland, H. (2014). Schulische Berufsorientierung und Geschlecht. Stand der Forschung. *Freiburger Zeitschrift für GeschlechterStudien, 20* (1), 33–46.

Faulstich-Wieland, H. (Hrsg.) (2016). *Berufsorientierung und Geschlecht.* Weinheim: Beltz.

Faulstich-Wieland, H. (2017). Paradoxien des gendergerechten Übergangs von der Schule in die Berufsausbildung am Beispiel des Berufsorientierungsunterrichts. In H. Fasching, C. Geppert & E. Makarova (Hrsg.), *Inklusive Übergänge. (Inter)nationale Perspektiven auf Inklusion im Übergang von der Schule in weitere Bildung, Ausbildung oder Beschäftigung* (S. 163–172). Bad Heilbrunn: Klinkhardt.

Felbermayr, K., Hubmayer, A. & Fasching, H. (2018). Wege der Kooperation mit der Familie: Bedingungen für eine gelingende Zusammenarbeit am Übergang Schule – (Aus-)Bildung, Beschäftigung. In O. Kapella, N.F. Schneider & H. Rost (Hrsg.), *Familie – Bildung – Migration. Familienforschung im Spannungsfeld zwischen Wissenschaft, Politik und Praxis* (S. 167–179). Opladen, Toronto: Verlag Barbara Budrich. Open Access-Link: https://phaidra.univie.ac.at/o:1137798

Felbermayr, K., Fasching, H. & Engler, S. (2021, im Erscheinen). Qualitativ, partizipativ und reflexiv. Partizipative Kooperation am inklusiven Bildungsübergang erforschen. In *Reihe der Kommission für Qualitative Bildungs- und Biographieforschung (QBBF) der Deutschen Gesellschaft für Erziehungswissenschaft (DGFE)*, Opladen: Budrich. E-Book: https://shop.budrich.de/en/product/bildung-im-gesellschaftlichen-wandel/

Filipp, S.-H. (2010). *Kritische Lebensereignisse* (3. Auflage). Weinheim: Beltz.

Fischer, E. (2015): Arbeit und Diagnostik – Wege und Erfordernisse im Übergang Schule-Beruf (ÜSB). In H. Schäfer & C. Rittmeyer (Hrsg.), *Handbuch Inklusive Diagnostik* (S. 445–461). Weinheim, Basel: Beltz.

Florian, L. (2017). The Heart of Inclusive Education is Collaboration. *Pedagogika, 126* (2), 248–253.

Galiläer, L. (2011). Auf dem Weg zur Inklusion? Übergänge und Ausbildung von Jugendlichen mit Behinderung. *bwp@ Berufs- und Wirtschaftspädagogik - online, 5* (Spezialausgabe), 1–14.

Gennep, A. van (2005): *Übergangsriten.* Frankfurt am Main: Campus (Original erschienen 1909: Les rites de passage).

Giesecke, W. & Stimm, M. (2018). Emotionen als Einflussgröße auf Bildungsentscheidungen in der Beratung. In M. Huber & S. Krause (Hrsg.), *Bildung und Emotion* (S. 357–374). Wiesbaden: Springer.

Ginnold, A. (2008). *Der Übergang Schule Beruf von Jugendlichen mit Lernbehinderung: Einstieg – Ausstieg – Warteschleife.* Weinheim: Klinkhardt.

Goblirsch, M. (2011). Narrativ-biographische Diagnostik in der Jugendhilfe und in der Verhaltenstherapie. In G. Jüttemann (Hrsg.), *Biographische Diagnostik* (S. 188–195). Lengerich: Pabst.

Gogolin, I. (2010). Kulturelle und sprachliche Heterogenität in der Schülerschaft. In A. Liesner & I. Lohmann (Hrsg.), *Gesellschaftliche Bedingungen von Bildung und Erziehung. Eine Einführung* (S. 113–125). Stuttgart: Kohlhammer.

Gräsel, C., Fußnagel, K. & Pröbstel, C. (2006). Lehrkräfte zur Kooperation anregen – eine Aufgabe für Sisyphos? *Zeitschrift für Pädagogik, 52* (2), 205–219.

Guthöhrlein, K., Laubenstein, D. & Lindmeier, C. (2019). *Teamentwicklung und Teamkooperation.* Stuttgart: Kohlhammer.

Haeberlin, U. (1998). Im Lernen beeinträchtigte Schüler fördern und integrieren und nach der Schule in Arbeits- und Perspektivlosigkeit entlassen? In U. Angerhoefer & W. Dittmann (Hrsg.), *Lernbehindertenpädagogik. Eine institutionalisierte Pädagogik im Wandel* (S. 19–32). Neuwied: Luchterhand.

Havighurst, R.J. (1971). *Developmental Tasks and Education.* New York: McKay (Original erschienen 1948).

Hermes, G. (2006). Peer Counseling – Beratung von Behinderten für Behinderte als Empowerment-Instrument. In H. Schnoor (Hrsg.), *Psychosoziale Beratung in der Sozial- und Rehabilitationspädagogik* (S. 74–85). Stuttgart: Kohlhammer.

Herzog, W. (1991). Der »Coping Man« – ein Menschenbild für die Entwicklungspsychologie. *Schweizerische Zeitschrift für Psychologie, 1* (1), 9–23.

Hetherington, S.A., Durant-Jones, L., Johnson, K., Nolan, K., Smith, E., Taylor-Brown, S. & Tuttle, J. (2010). The Lived Experiences of Adolescents with Disabilities and Their Parents in Transition Planning. *Focus on Autism and Other Developmental Disabilities, 25* (3), 163–172. https://doi.org/10.1177/108 8357610373760

Hirsch, S. & Lindmeier, C. (2006). Einleitung. In S. Hirsch & C. Lindmeier (Hrsg.), *Berufliche Bildung von Menschen mit Lernschwierigkeiten. Neue Wege zur Teilhabe am Arbeitsleben* (S. 7–14). Weinheim: Beltz.

Hofmann-Lun, I. (2014). Berufsorientierung und Übergangswege von Förderschülerinnen und Förderschülern. *Sonderpädagogische Förderung heute, 59* (4), 375–390.

Hormel, U. (2013). Ethnisierung von ›Ausbildungsfähigkeit‹ – ein Fall sozialer Schließung in der Migrationsgesellschaft. In M. Maier & T. Vogel (Hrsg.), *Übergänge in eine neue Arbeitswelt? Blinde Flecken in der Debatte zum Übergangssystem Schule-Beruf* (S. 254–270). Wiesbaden: Springer.

Hurrelmann, K. (2003). Der entstrukturierte Lebenslauf. Die Auswirkungen der Expansion der Jugendphase. *Zeitschrift für Soziologie der Erziehung und Sozialisation, 23* (2), 115–126.

Hurrelmann, K. & Quenzel, G. (2016). *Lebensphase Jugend. Eine Einführung in die sozialwissenschaftliche Jugendforschung* (13. Auflage) Weinheim: Beltz (= Grundlagentexte Soziologie).

Huschke-Rhein, R. (2003). *Einführung in die systemische und konstruktivistische Pädagogik. Beratung – Systemanalyse – Selbstorganisation* (2. Auflage). Weinheim, Basel: Beltz (UTB).

Husny, M. & Fasching, H. (2020). The consulting of executive practitioners in participative cooperation: how professionals view the inclusive transition process of youths with disabilities in Austria. *European Journal of Special Needs Education*, 15 pages. https://doi.org/10.1080/08856257.2020.1862338

Imdorf, C. (2005). *Schulqualifikation und Berufsfindung. Wie Geschlecht und nationale Herkunft den Übergang in die Berufsbildung strukturieren.* Wiesbaden: VS Verlag für Sozialwissenschaften.

Jordan, M. & Wansing, G. (2016). Peer Counseling. *impulse, Magazin der Bundesgemeinschaft für Unterstützte Beschäftigung, 77*, 22–26 (http://bidok.uibk.ac.at/library/imp-77-jordan-wansing-counseling.html#idm101), Zugriff am 20.1.2021

Jung, E. (2008). Reife, Fähigkeit oder Kompetenz? Über die pädagogisch-didaktische Bedeutung von Leitbegriffen in Arbeits- und Berufsfindungsprozessen. In E. Schlemmer & H. Gerstberger (Hrsg.), *Ausbildungsfähigkeit im Spannungsfeld zwischen Wissenschaft, Politik und Praxis* (S. 131–148). Wiesbaden: VS Verlag.

Kaur, G., Scior, K. & Wilson, S. (2009). Systemic working in learning disability services: A UK wide survey. *British Journal of Learning Disabilities, 37*, 213–220.

Klicpera, C. & Innerhofer, P. (1992). *Integration behinderter Menschen in die Arbeitswelt. Neue Formen der Arbeitsintegration und traditionelle Beschäftigungseinrichtungen. Eine Analyse der Arbeitssituation behinderter Erwachsener in Südtirol und im europäischen Umfeld.* Heidelberg: Roland Asanger.

Koch, B. (2015). Berufsorientierung in einer inklusiven Schule. *bwp@ Berufs- und Wirtschaftspädagogik – online, 27*, 1–18.

Koch, B. & Textor, A. (2015). Spielräume nutzen – Perspektiven inklusiver Schulentwicklung. In E. Kiel (Hrsg.), *Inklusion im Sekundarbereich* (S. 97–139). Stuttgart: Kohlhammer (= Inklusion in Schule und Gesellschaft, Band 2).

Koenig, O., Fasching, H., Krög, W. & Biewer, G. (2010). Von der Schule in den Beruf – von der Integration in den Ersatzarbeitsmarkt? Zur Situation Jugendlicher und junger Erwachsener mit intellektueller Beeinträchtigung in

Österreich. In U. Schildmann (Hrsg.), *Umgang mit Verschiedenheit in der Lebensspanne. Behinderung – Geschlecht – kultureller Hintergrund – Alter/Lebensphasen* (S. 190–201). Bad Heilbrunn: Klinkhardt.

Kohli, M. (1985). Die Institutionalisierung des Lebenslaufs. Historische Befunde und theoretische Argumente. *Kölner Zeitschrift für Soziologie und Sozialpsychologie, 37*, 1–29.

Kohlrausch, B. (2012). Das Übergangssystem – Übergänge mit System? In U. Bauer, U.H. Bittlingmayer & A. Scherr (Hrsg.), *Handbuch Bildungs- und Erziehungssoziologie* (S. 595–611). Wiesbaden: Springer.

Kruse, W. (2014). Kommunale Koordinierung im Übergang in die Arbeitswelt: die Schule als Partnerin. In N. Pötter (Hrsg.), *Schulsozialarbeit am Übergang Schule-Beruf* (S. 61–77). Wiesbaden: Springer (= Beiträge zur Sozialen Arbeit an Schulen, Band 3).

Lazarus, R.S. (1991). *Emotion and adaption*. New York: Oxford University Press.

Leiprecht, R. (2008). Eine diversitätsbewusste und subjektorientierte Sozialpädagogik. Begriffe und Konzepte einer sich wandelnden Disziplin. *Neue Praxis, 4*, 427–439.

Leiprecht, R. & Lutz, H. (2005). Intersektionalität im Klassenzimmer. Ethnizität, Klasse, Geschlecht. In R. Leiprecht & A. Kerber (Hrsg.), *Schule in der Einwanderungsgesellschaft* (S. 218–234). Frankfurt/Main: Wochenschau Verlag.

Lemke, W. (2007). Die Kind-Umfeld-Analyse. In J. Walter & F.B. Wember (Hrsg.), *Sonderpädagogik des Lernens* (S. 175–184). Göttingen: Hogrefe (= Handbuch Sonderpädagogik, Band 2).

Leodolter, S. (2021). *Elterliche Wahrnehmung der Kooperation mit professionellen Unterstützungspersonen für Jugendliche mit Behinderung am Übergang von der SEK I in die SEK II oder in die Beschäftigung*. Masterarbeit (unveröffentlicht). Universität Wien.

Lex, T. (2006). Case Management für benachteiligte Jugendliche im Übergang Schule-Beruf. In T. Lex, N. Gaupp, B. Reißig & H. Adamczyk (Hrsg.), *Übergangsmanagement: Jugendliche von der Schule ins Arbeitsleben lotsen* (S. 45–60). München: Deutsches Jugendinstitut.

Lindmeier, B. & Schrör, N. (2015). Bedingungen des Übergangs von Jugendlichen im Grenzbereich der Förderschwerpunkte Lernen und geistige Entwicklung in die berufliche Bildung. *Teilhabe, 54* (4), 150–156.

Lindmeier, C. (1999). Selbstbestimmung als Orientierungsprinzip der Erziehung und Bildung. *Sonderpädagogik, 29*, 74–90.

Lindmeier, C. (2006). Berufliche Bildung und Teilhabe geistig behinderter Menschen am Arbeitsleben. In E. Wüllenweber, G. Theunissen & H. Mühl (Hrsg.), *Pädagogik bei geistigen Behinderungen. Ein Handbuch für Studium und Praxis* (S. 394–407). Kohlhammer: Stuttgart.

Lindmeier, C. (2012). Soziale Gerechtigkeit und Behinderung. *Behinderte Menschen, Zeitschrift für gemeinsames Leben, Lernen und Arbeiten, 2*, 17–33. (http://bidok.uibk.ac.at/library/beh-2-12-lindmeier-gerechtigkeit.html), Zugriff am 18.3.2021

Lindmeier, C. (2017). Das aktuelle Thema: Enger und weiter Inklusionsbegriff – eine fragwürdige Unterscheidung?! *Sonderpädagogische Förderung heute, 62* (3), 231–232.

Lindmeier, C., Fasching, H., Lindmeier, B. & Sponholz, D. (2019). Einleitung. In C. Lindmeier, H. Fasching, B. Lindmeier & D. Sponholz (Hrsg.), *Inklusive Berufsorientierung und berufliche Bildung – Aktuelle Entwicklungen im deutschsprachigen Raum* (S. 5–17). 2. Beiheft der Sonderpädagogischen Förderung *heute*. Weinheim: Beltz. Open Access-Link: https://phaidra.univie.ac.at/o:1176369

Lindmeier, C. & Hirsch, S. (2006). Einleitung. In dies. (Hrsg.), *Berufliche Bildung von Menschen mit geistiger Behinderung. Neue Wege zur Teilhabe am Arbeitsleben* (S. 7–14). Weinheim, Basel: Beltz.

Lippegaus-Grünau, P., Mahl, F. & Stolz, I. (2010). *Berufsorientierung Programme und Projekte von Bund und Ländern, Kommunen und Stiftungen im Überblick*. München: Deutsches Jugendinstitut.

Loeken, H. & Windisch, M. (2013). *Behinderung und Soziale Arbeit. Beruflicher Wandel – Arbeitsfelder – Kompetenzen*. Stuttgart: Kohlhammer.

Lütje-Klose, B. & Willenbring, M. (1999). »Kooperation fällt nicht vom Himmel« – Möglichkeiten der Unterstützung kooperativer Prozesse in Teams von Regelschullehrerin und Sonderpädagogin aus systemischer Sicht. *Behindertenpädagogik, 38*, 2–31.

Lütje-Klose, B. & Urban, M. (2014). Professionelle Kooperation als wesentliche Bedingung inklusiver Schule- und Unterrichtsentwicklung. Teil 1: Grundlagen und Modelle inklusiver Kooperation. *Vierteljahresschrift für Heilpädagogik und ihre Nachbargebiete, 83* (2), 112–123.

Lutz, H. & Wenning, N. (2001). Differenzen über Differenz – Einführung in die Debatten. In dies. (Hrsg.), *Unterschiedlich verschieden. Differenz in der Erziehungswissenschaft* (S. 11–24). Opladen: Budrich.

Makarova, E. (2017). Inklusion, Bildung und Übergang. In H. Fasching, C. Geppert & E. Makarova, E. (Hrsg.), *Inklusive Übergänge. (Inter)nationale Perspektiven auf Inklusion im Übergang von der Schule in weitere Bildung, Ausbildung oder Beschäftigung* (S. 41–49). Bad Heilbrunn: Klinkhardt.

Marvin, C.A. (1990). Problems in school-based speech language consultation and collaboration services: Defining the terms and improving the process. In W.A. Secord & E.H. Wiig (Eds.), *Collaborative Programms in the Schools. Concepts, Models, and Procedures* (pp. 37–47). Jovanovich: Hartcourt Brace.

Mc Call, L. (2005). The Complexity of Intersectionality. *Signs Journal of Women in Culture and Society, 3*, 1771–1800.

Mertens, D. (1971). *Arbeitsmarkt- und Berufsforschung*. Stuttgart: Kohlhammer.

Miethe, I. & Dierckx, H. (2014). Was ist eine Bildungsentscheidung? Theoretische und empirische Betrachtungen aus einer biografischen Perspektive. In I. Miethe, J. Ecarius & A. Tervooren (Hrsg.), *Bildungsentscheidungen im Lebenslauf. Perspektiven qualitativer Forschung* (S. 19–37). Opladen, Toronto: Verlag Barbara Budrich.

Monzer, M. (2018). *Case Management. Grundlagen* (2., überarbeitete Auflage). Heidelberg: medhochzwei Verlag.

Moser, I. (2018): *»... weil jeder Mensch gleich ist – im Prinzip.« Wege zu einer inklusiven Schul- und Lernkultur dargestellt am Beispiel eines Oberstufenrealgymnasiums in Salzburg*. Dissertation. Universität Koblenz-Landau.

Muche, C. (2013). Übergänge und Behinderung. In W. Schröer, B. Stauber, A. Walther, L. Böhnisch & K. Lenz (Hrsg.), *Handbuch Übergänge* (S. 158–175). Weinheim: Beltz.

Müller, B., Zöller, U., Diezinger, A. & Schmid, A. (2015). *Lehrbuch Integration von Jugendlichen in die Arbeitswelt*. Weinheim: Beltz Juventa.

Nentwig, L. (2018). *Berufsorientierung als unbeliebte Zusatzaufgabe in der Inklusion? Eine Studie zur Bedeutsamkeit der professionellen Handlungskompetenz unter Fokussierung der motivationalen, volitionalen, und sozialen Bereitschaften von Lehrpersonen zum Engagement in der inklusiven Berufsorientierung*. Technische Universität Dortmund: Dissertation.

Neuenschwander, M.P. (2017). Übergänge in die Berufsausbildung. In B. Kracke & P. Noack (Hrsg.), *Handbuch Entwicklungs- und Erziehungspsychologie* (S. 425–438). Wiesbaden: Springer.

Neuenschwander, M.P., Gerber, M., Frank, N. & Rottermann, B. (2012). *Schule und Beruf. Wege in die Erwerbstätigkeit*. Wiesbaden: VS Verlag für Sozialwissenschaften.

Neuffer, M. (2009). *Case Management. Soziale Arbeit mit Einzelnen und Familien*. Weinheim, Basel: Beltz (= Grundlagentexte Soziale Berufe).

Niedermair, C. (2005). Brückenbau Schule-Arbeitswelt: Aufgaben der Schule an dieser Schnittstelle mit Beispielen von Good Practice. In K. Felkendorff & E. Lischer (Hrsg.), *Barrierefreie Übergänge. Jugendliche mit Behinderungen und Lernschwierigkeiten zwischen Schule und Berufsleben* (S. 62–77). Zürich: Pestalozzianum.

Niediek, I. (2008). Ist dabei sein wirklich alles? – Konzeptionelle Anregungen zur Gestaltung von Partizipationsprozessen. *Zeitschrift für Heilpädagogik, 59* (8), 293–298.

Nussbaum, M. C. (2000). *Women and Human Development. The Capabilities Approach.* Cambridge: University Press.

Nussbaum, M. C. (2006). *Die Grenzen der Gerechtigkeit. Behinderung, Nationalität und Spezieszugehörigkeit.* Berlin: Suhrkamp.

OECD – Organisation for Economic Co-operation and Development (2019). *Youth not in employment, education or training (NEET).* (https://data.oecd.org/youthinac/youth-not-in-employment-education-or-training-neet.htm), Zugriff am 24.1.2021

Otto, H.-U. & Ziegler, H. (2008). Der Capabilities-Ansatz als neue Orientierung in der Erziehungswissenschaft. In dies. (Hrsg.), *Capabilities – Handlungsbefähigung und Verwirklichungschancen in der Erziehungswissenschaft* (S. 9–13). Wiesbaden: VS Verlag für Sozialwissenschaften.

Papke, B. (2020). Kooperation und interdisziplinäre Zusammenarbeit in der Perspektive der Theorie integrativer Prozesse. *Gemeinsam leben, 28* (3), 148–155.

Penkwitt, H., Köhler, S.-M. & Schlüter, A. (Hrsg.) (2020). *Gender. Zeitschrift für Geschlecht, Kultur und Gesellschaft. Inklusion und Intersektionalität in institutionellen Bildungskontexten (Schwerpunktheft),12* (3).

Pfahl, L. (2011). *Techniken der Behinderung. Der deutsche Lernbehinderungsdiskurs, die Sonderschule und ihre Auswirkungen auf Bildungsbiografien.* Bielefeld: transcript.

Pohl, A. (2013). Konstruktion von Ethnizität und Benachteiligung in Übergangssystemen. In W. Schröer, B. Stauber, A. Walther, L. Böhnisch & K. Lenz (Hrsg.), *Handbuch Übergänge* (S. 947–965). Weinheim, Basel: Beltz.

Pool Maag, S. (2008). *Förderorientiertes Coaching Jugendlicher im Übergang Schule-Beruf: Berufsintegration unter sonderpädagogischer Perspektive.* Saarbrücken: SVH.

Pool Maag, S. (2016). Herausforderungen im Übergang Schule Beruf: Forschungsbefunde zur beruflichen Integration von Jugendlichen mit Benachteiligungen in der Schweiz. *Schweizerische Zeitschrift für Bildungswissenschaften, 38* (3), 591–609.

Pool Maag, S. & Baumhoer-Marti, U. (2016). Förderorientiertes Coaching von Jugendlichen in Berufsfachschulen. In R. Wegener, M. Loebbert & A. Fritze (Hrsg.), *Zur Differenzierung von Handlungsfeldern im Coaching. Die Etablierung neuer Praxisfelder* (S. 124–135). Wiesbaden: Springer.

Pool Maag, S., Friedländer, S. & Rauser, G. (2016). Supported Education. In R. Wegener, S. Deplazes, M. Hasenbein, H. Künzli, A. Ryter & B. Uebelhart (Hrsg.), *Coaching als individuelle Antwort auf gesellschaftliche Entwicklungen* (S. 151–160). Wiesbaden: Springer.

Rawls, J. (1979). *Eine Theorie der Gerechtigkeit.* Berlin: Suhrkamp.

Reich, K. (2006). *Systemisch-konstruktivistische Pädagogik. Einführung in die Grundlagen der interaktionistisch-konstruktivistischen Pädagogik*. Weinheim: Beltz.

Reid, H. & West, L. (2011). »Telling tales«: Using narrative in career guidance. *Journal of Vocational Behaviour, 78*, 174–183.

Reiser, H. (2007). Inklusion – Vision oder Illusion? In D. Katzenbach (Hrsg.), *Vielfalt braucht Struktur. Heterogenität als Herausforderung für die Unterrichts- und Schulentwicklung* (S. 99–105). Frankfurt/Main: Johann-Wolfgang-Goethe-Universität.

Rosenthal, G. (2002). Biographisch-narrative Gesprächsführung: zu den Bedingungen heilsamen Erzählens im Forschungs- und Beratungskontext. *Psychotherapie und Sozialwissenschaft, 4* (3), 204–227.

Sander, A. (1989). Kind-Umfeld-Diagnose als neuer Ansatz in der Sonderpädagogik. In Senator für Schulwesen, Berufsausbildung und Sport (Hrsg.), *Sonderpädagogik heute – Bewährtes und Neues. Referate des Sonderpädagogischen Forums Berlin, Fachtagung vom 23. bis 25. November 1987* (S. 130–145). Berlin: Eigenverlag.

Schildmann, U. & Schramme, S. (2020). Inklusive Pädagogik und Intersektionalitätsforschung. Vergleich zweier Konzeptionen aus Sicht der feministischen Frauenforschung über Geschlecht und Behinderung. *Gender. Zeitschrift für Geschlecht, Kultur und Gesellschaft. (Schwerpunktheft; Inklusion und Intersektionalität in institutionellen Bildungskontexten (Schwerpunktheft), 12* (3), 11–26.

Schlemmer, E. (2008). Was ist Ausbildungsfähigkeit? Versuch einer bildungstheoretischen Einordnung. In E. Schlemmer & H. Gerstberger (Hrsg.), *Ausbildungsfähigkeit im Spannungsfeld zwischen Wissenschaft, Politik und Praxis* (S. 13–34). Wiesbaden: VS Verlag für Sozialwissenschaften.

Schlienger, I. (2016). Beratung. In I. Hedderich, G. Biewer, J. Hollenweger & R. Markowetz (Hrsg.), *Handbuch Inklusion und Sonderpädagogik* (353–358). Bad Heilbrunn: Klinkhardt (UTB).

Schmidt, C. (2014). Anspruch und Grenzen eines inklusiven Berufsbildungssystems. *Sonderpädagogische Förderung heute, 59* (4), 391–405.

Schmidt, M. & Dworschak, W. (2011). Inklusion und Teilhabe. Gleichbedeutende oder unterschiedliche Leitbegriffe in der Sonder- und Heilpädagogik? *Zeitschrift für Heilpädagogik, 62*, 269–281.

Schnell, I. (2017). Multiprofessionelle Kooperation und Inklusion. *Gemeinsam Leben, 25* (3), 132–139.

Schröer, W. (2015). Übergänge und Sozialisation. In K. Hurrelmann, U. Bauer, M. Grundmann & S. Walper (Hrsg.), *Handbuch Sozialisationsforschung* (8. Auflage) (S. 927–938). Weinheim, Basel: Beltz.

Schroeder, J. & Thielen, M. (2009). *Das Berufsvorbereitungsjahr: Eine Einführung.* Stuttgart: Kohlhammer.

Schubert, H.-J. (1996). Arbeitsgestaltung für behinderte Menschen. In E. Zwierlein (Hrsg.), *Handbuch Integration und Ausgrenzung. Behinderte Menschen in der Gesellschaft* (S. 510–515). Neuwied: Luchterhand.

Schuppener, S. (2007). Kooperation. In G. Theunissen, W. Kulig & K. Schirbort (Hrsg.), *Handlexikon Geistige Behinderung. Schlüsselbegriffe aus der Heil- und Sonderpädagogik, Sozialen Arbeit, Medizin, Psychologie, Soziologie und Sozialpolitik* (S. 195). Stuttgart: Kohlhammer.

Schuppener, S. (2016). Selbstbestimmung. In I. Hedderich, G. Biewer, J. Hollenweger & R. Markowetz (Hrsg.), *Handbuch Inklusion und Sonderpädagogik* (S. 108–112). Bad Heilbrunn: Klinkhardt (UTB).

Schwalb, H. & Theunissen, G. (Hrsg.). (2012). *Inklusion, Partizipation und Empowerment in der Behindertenarbeit. Best-Practice-Beispiele: Wohnen – Leben – Arbeit – Freizeit.* Stuttgart: Kohlhammer.

Siegert, K. (2020). *Lebenswege erzählen. Rekonstruktion biographischer Bewältigungsstrategien von Adoleszenten am Übergang Schule – Beruf.* Dissertation. Leibniz Universität Hannover.

SMS – Sozialministeriumsservice (2021). *NEBA »Netzwerk Berufliche Assistenz«* (www.neba.at), Zugriff am 21.1.2021

Solga, H., Powell, J. & Berger, P.A. (2009). *Soziale Ungleichheit: Klassische Texte zur Sozialstrukturanalyse.* Frankfurt am Main: Campus Verlag.

Soriano, V. (2006). *Individuelle Förderpläne für den Übergang von der Schule in den Beruf.* Middelfart: Europäische Agentur für Entwicklungen in der sonderpädagogischen Förderung. (https://www.european-agency.org/sites/defau lt/files/individual-transition-plans_itp_de.pdf), Zugriff am 3.7.2019

Spieß, E. (2004). Kooperation und Konflikt. In N. Birnbaumer, C.F. Graumann & H. Schuler (Hrsg.), *Organisationspsychologie – Gruppe und Organisation* (S. 193–247). Göttingen: Hogrefe.

Spiess, I. (2004). *Berufliche Lebensverläufe und Entwicklungsperspektiven behinderter Personen. Eine Untersuchung über berufliche Werdegänge von Personen, die aus Werkstätten für behinderte Menschen in der Region Niedersachsen Nordwest ausgeschieden sind.* Paderborn: Eusl-Verlag.

Sponholz, D. & Lindmeier, C. (2017). Inklusive schulische Berufsorientierung aus habitustheoretischer Perspektive. *Vierteljahrsschrift für Heilpädagogik und ihre Nachbargebiete,* 86 (4), 285–297.

Stadler, H. (1996). Jung und behindert – arbeits- und chancenlos? Zu den Berufs- und Lebensperspektiven für junge Menschen mit Behinderungen. *Die neue Sonderschule,* 41, 262–283.

Stauber, B., Pohl, A. & Walther, A. (2007). *Subjektorientierte Übergangsforschung. Rekonstruktion und Unterstützung biografischer Übergänge junger Erwachsener.* Weinheim, München: Juventa.

Stauber, B. (2013). Doing gender in Übergängen in den Beruf. In W. Schröer, B. Stauber, A. Walther, L. Böhnisch & K. Lenz (Hrsg.), *Handbuch Übergänge* (S. 141–157). Weinheim, Basel: Beltz Juventa.

Stinkes, U. (2000). Selbstbestimmung – Vorüberlegungen zur Kritik einer modernen Idee. In K. Bundschuh (Hrsg.), *Wahrnehmen, Verstehen, Handeln* (S. 169–193). Bad Heilbrunn: Klinkhardt.

Subasi Singh, S. (2020). *Overrepresentation of immigrants in special education. A grounded theory study on the case of Austria.* Bad Heilbrunn: Klinkhardt (= Inklusion, Behinderung, Gesellschaft. Bildungs- und sozialwissenschaftliche Beiträge).

Theunissen, G. (2009). *Empowerment und Inklusion behinderter Menschen. Eine Einführung in Heilpädagogik und Soziale Arbeit* (2. Auflage). Freiburg: Lambertus.

Thielen, M. (2011). Pädagogik am Übergang. Einleitende Gedanken zu Übergängen, Übergangsgestaltung und Übergangsforschung. In M. Thielen (Hrsg.), *Pädagogik am Übergang. Arbeitsweltvorbereitung in der allgemeinbildenden Schule* (S. 8–18). Bad Heilbrunn: Klinkhardt.

Thielen, M. (2014). Behinderte Übergänge in die Arbeitswelt. Zur Bedeutung und pädagogischen Bearbeitung von Diversität im Alltag schulischer Berufsvorbereitung. In G. Wansing & C. Westphal (Hrsg.), *Behinderung und Migration* (S. 203–220). Wiesbaden: Springer.

Todd, L (2007). *Partnerships for Inclusive Education. A critical approach to collaborate working.* New York: Routledge.

Trainor, A. A. (2017). *Transition by design: Improving equity and outcomes for adolescents with disabilities.* New York: Teachers College Press.

Trainor, A. A. (2017). Special Education Transition in the United States Context: Developing Social and Cultural Capital to Promote Agency. In H. Fasching, C. Geppert & E. Makarova (Hrsg.), *Inklusive Übergänge. (Inter)nationale Perspektiven auf Inklusion im Übergang von der Schule in weitere Bildung, Ausbildung oder Beschäftigung* (S. 53–66). Bad Heilbrunn: Klinkhardt.

Trainor, A. A., Newman, L., Garcia, E., Woodley, H. H., Traxler, R. E. & Deschene D. N. (2019). Postsecondary Education-Focused Transition Planning Experiences of English Learners with Disabilities. *Career Development and Transition for Exceptional Individuals, 42* (1), 43–55. DOI: 10.1177/2165143418811830

Truschkat, I. & Stauber, B. (2013). Beratung im Übergang: organisations- und subjektorientierte Perspektiven. In A. Walther & M. Weinhardt (Hrsg.), *Beratung im Übergang. Zur sozialpädagogischen Herstellung von biographischer Reflexivität (S. 220–235). Weinheim, Basel: Beltz Juventa.

Turnbull, A.P., Turnbull, H., Erwin, E.J., Soodak, L.C. & Shogren, K.A. (2011). Families, Professionals and Exceptionalitiy: Positive Outcomes through Partnerships and Trust (6th edition). Upper Saddle River: Pearson Merrill/Prentice Hall.

Urban, M. & Lütje-Klose, B. (2014). Professionelle Kooperation als wesentliche Bedingung inklusiver Schul- und Unterrichtsentwicklung. Teil 2: Forschungsergebnisse zu intra- und interprofessioneller Kooperation. *Vierteljahresschrift für Heilpädagogik und ihre Nachbargebiete, 83*, 283–294.

Walgenbach, K. (2016). Intersektionalität als Paradigma zur Analyse von Ungleichheits-, Macht- und Normierungsverhältnissen. *Vierteljahresschrift für Heilpädagogik und ihre Nachbargebiete, 85* (3), 211–224.

Walgenbach, K. (2017). *Heterogenität – Intersektionalität – Diversity in der Erziehungswissenschaft* (2. Auflage). Opladen, Toronto: Verlag Barbara Budrich.

Walter, S. & Hirschfeld, H. (2013). Relevanz von Beziehung als Grundlage der Übergangsberatung. In A. Walther & M. Weinhardt (Hrsg.), *Beratung im Übergang. Zur sozialpädagogischen Herstellung von biographischer Reflexivität* (S. 115–134). Weinheim, Basel: Beltz Juventa.

Walther, A. (2013). Beratung im Spiegel subjektorientierter Übergangsforschung und Sozialpädagogik des Übergangs. In A. Walther & M. Weinhardt (Hrsg.), *Beratung im Übergang. Zur sozialpädagogischen Herstellung von biographischer Reflexivität* (S. 16–34). Weinheim, Basel: Beltz Juventa.

Walther, A. (2014a). Übergangsregimes. Übergänge zwischen Schule und Arbeit im internationalen Vergleich. In C. Hof, M. Meuth & A. Walther (Hrsg.), *Pädagogik der Übergänge. Übergänge in Lebenslauf und Biografie als Anlässe und Bezugspunkte von Erziehung, Bildung und Hilfe* (S. 78–103). Weinheim, Basel: Beltz Juventa.

Walther, A. (2014b). Übergänge im Lebenslauf zwischen Standardisierung und Entstandardisierung. In C. Hof, M. Meuth & A. Walther (Hrsg.), *Pädagogik der Übergänge. Übergänge in Lebenslauf und Biografie als Anlässe und Bezugspunkte von Erziehung, Bildung und Hilfe* (S. 14–36). Weinheim, Basel: Beltz Juventa (= Übergangs- und Bewältigungsforschung).

Walther, A. (2016). Pädagogik als Gestaltung und Gestalterin von Übergängen im Lebenslauf. *Sonderpädagogische Förderung heute, 61* (2), 121–138.

Walther, A. & Stauber, B. (2007). Übergänge in Lebenslauf und Biographie. Vergesellschaftung und Modernisierung aus subjektorientierter Perspektive. In B. Stauber, A. Pohl & A. Walther (Hrsg.), *Subjektorientierte Übergangsforschung. Rekonstruktion und Unterstützung biografischer Übergänge junger Erwachsener* (S. 19–40). Weinheim, München: Juventa.

Walther, A. & Weinhardt, M. (2013). Einleitung. In A. Walter & M. Weinhardt (Hrsg.), *Beratung im Übergang. Zur sozialpädagogischen Herstellung von biographischer Reflexivität* (S. 7-15). Weinheim, Basel: Beltz Juventa.

Wansing, G. & Westphal, M. (Hrsg.) (2014). *Behinderung und Migration. Kategorien und theoretische Perspektiven.* Wiesbaden: Springer.

Wansing, G., Westphal, M., Jochmaring, J. & Schreiner, M. (2016). Herstellungsweisen und Wirkungen von Differenzkategorien im Zugang zu beruflicher (Aus-)Bildung. In U. Bylinski & J. Rützel (Hrsg.), *Inklusion als Chance und Gewinn für eine differenzierte Berufsbildung* (S. 71-85). Bonn: Bundesinstitut für Berufsbildung (=Berichte zur beruflichen Bildung).

Weber, E. (2016). Assistenz. In I. Hedderich, G. Biewer, J. Hollenweger & R. Markowetz (Hrsg.), *Handbuch Inklusion und Sonderpädagogik* (S. 512–522). Bad Heilbrunn: Klinkhardt (UTB).

Wegener, R., Deplazes, S., Hasenbein, M., Künzli, H., Ryter, A. & Uebelhart, B. (Hrsg.) (2016). *Coaching als individuelle Antwort auf gesellschaftliche Entwicklungen.* Wiesbaden: Springer.

Wegscheider, A. & Schaur, M. (2019). Arbeit und Beschäftigung von arbeitsmarktfernen Menschen mit Behinderungen in Oberösterreich. *SWS-Rundschau, 59* (1), 46–65.

Wehman, P. (2013). *Life Beyond the Classroom. Transition strategies for young people with disabilities.* Baltimore, London, Sydney: Paul H. Brookes.

Weiler, L.M., Keyzers, A., Scafe, M., Anderson, A. & Cavell, T.A. (2020). »My village fell apart«: Parents' Views on Seeking Informal Mentoring Relationships for Their Children. *Fam Relations, 69,* 983–995. https://doi-org.uaccess.univie.ac.at/10.1111/fare.12436

Weinhardt, M. (2013). Übergänge im Spiegel psychosozialer Beratung. In A. Walther & M. Weinhardt (Hrsg.), *Beratung im Übergang. Zur sozialpädagogischen Herstellung von biographischer Reflexivität* (S. 35–46). Weinheim, Basel: Beltz Juventa.

Weiss, S., Markowetz, R. & Kiel, E. (2017). Multiprofessionelle Kooperation inner- und außerschulischer Akteure im Förderschwerpunkt Geistige Entwicklung – Die Sicht von Lehrkräften. *Zeitschrift für Heilpädagogik, 68,* 316–328.

Werning, R. & Arndt, A.K. (Hrsg.) (2013). *Inklusion: Kooperation und Unterricht entwickeln.* Bad Heilbrunn: Klinkhardt.

WHO – World Health Organization (2005). *Internationale Klassifikation der Funktionsfähigkeit, Behinderung und Gesundheit.* Genf: Eigendruck (DIMDI).

Widmer-Wolf, P. (2018). Kooperation in multiprofessionellen Teams an inklusiven Schulen. In T. Sturm & M. Wagner-Willi (Hrsg.), *Handbuch schulische Inklusion* (S. 299–313). Opladen, Toronto: Verlag Barbara Budrich (UTB).

Wiethoff, C. (2011). *Übergangscoaching mit Jugendlichen. Wirkfaktoren aus Sicht der Coachingnehmer beim Übergang von der Schule in die Ausbildung*. Wiesbaden: VS Verlag für Sozialwissenschaften.

Wiethoff, C. & Stolcis, M. (2018). *Systemisches Coaching mit Schülerinnen und Schülern*. Stuttgart: Kohlhammer.

Williams, B., Schneider, A. & Arndt, P.A. (2015). Prozess- und Inhaltsberatung in Bildungskontexten. *Organisationsberatung, Supervision, Coaching, 22* (3), 323–340.

Wilson, S. (2020). ›Hard to reach‹ parents but not hard to research: a critical reflection of gatekeeper positionality using a community-based methodology. *International Journal of Research & Method in Education, 43* (5), 461–477.

Winker, G. & Degele, N. (2009). *Intersektionalität. Zur Analyse sozialer Ungleichheiten*. Bielefeld: transcript.

Winkler, M. (2008). Ausbildungsfähigkeit – ein pädagogisches Problem? In E. Schlemmer & H. Gerstberger (Hrsg.), *Ausbildungsfähigkeit im Spannungsfeld zwischen Wissenschaft, Politik und Praxis* (S. 69–90). Wiesbaden: VS Verlag für Sozialwissenschaften.

Yosso, T. J. (2005). Whose culture has capital? A critical race theory discussion of community cultural wealth. *Race Ethnicity and Education, 8* (1), 69–91.